台灣總督府

黃昭堂 著

黃英哲 譯

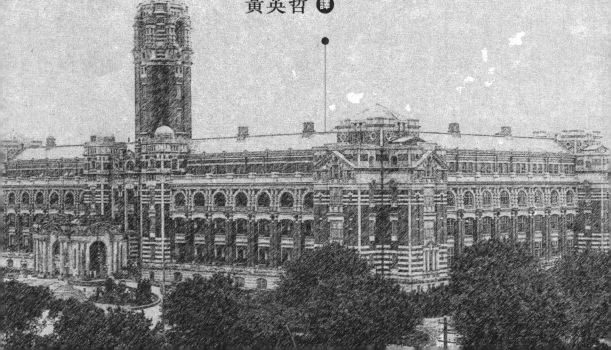

銘謝 感謝贊助【台灣經典寶庫】

- 旅居紐西蘭台灣同鄉許明芳先生
  贊助【台灣經典寶庫】出版計畫（未指定單本）

- 台灣基督長老教會總會 助印 1000 本
  FC01 馬偕《福爾摩沙紀事：馬偕台灣回憶錄》

- 屏東北旗尾社區營造協會黃發保先生 認養贊助出版
  FC02 陳冠學《田園之秋》（大字彩色插圖版）

- 利邦股份有限公司謝明義先生 認養贊助出版
  FC03 甘為霖《素描福爾摩沙：甘為霖台灣筆記》

- 北美台灣人權協會 & 王康陸博士紀念基金會 認養贊助出版
  FC04 史蒂瑞《福爾摩沙及其住民：19 世紀台灣調查筆記》

- 北美台灣同鄉 P. C. Ng 先生 認養贊助出版
  FC05 必麒麟《歷險福爾摩沙：滿大人、海賊與「獵頭番」》

- 棉品實業股份有限公司洪清峰董事長 認養贊助出版
  FC06 揆一《被遺誤的台灣：荷鄭台江決戰始末記》

- 世聯倉運文教基金會黃仁安董事長 認養贊助出版
  FC07 李仙得《南台灣踏查手記》

- 彰化基督教醫院 認養贊助出版
  FC08 連瑪玉《蘭大衛醫生娘福爾摩沙故事集》

- 某愛護本土人士洪董事長 認養贊助出版
  FC09 黃昭堂《台灣總督府》

感謝預約助印全套【台灣經典寶庫】

鄭明宗先生 鄭文煥先生 廖彬良先生 林承謨先生
林桂華女士 吳嘉倫醫師 楊典錕先生 黃再傳先生

感恩

感念

台灣經典寶庫9
《台灣總督府》

本書由

某愛護本土人士
洪董事長

◆─ ✦ 認養贊助出版 ✦ ─◆

永誌感謝與讚美

前衛【台灣經典寶庫】計畫

【台灣經典寶庫】預定出版 100 種。

【台灣經典寶庫】將系統性蒐羅、整理信史以來，各時代（包括荷蘭時代、西班牙時代、明鄭時代、滿清時代、日本時代、戰後國府時代）的台灣歷史文獻資料，暨各時代當政官人、文人雅士、東西洋學者、調查研究者、旅人、探險家、傳教士、作家等所著與台灣有關的經典著書或出土塵封資料，經本社編選顧問團精選，列為「台灣經典寶庫」叢書，其原著若是日文、西文，則聘專精譯者迻譯為漢文，其為中國文言古籍者，則轉譯為現代白話漢文，並附原典，以資對照。兩者均再特聘各該領域之權威學者專家，以現代學術規格，詳做校勘及註解，並佐配相關歷史圖像及重新繪製地圖，予以全新美工編排，出版流傳。

◎認養贊助出版：每本NT$30萬元。

＊指定某一部「台灣經典寶庫」，全額認養贊助出版。

• 認養人名號及簡介專頁刊載於本書頭頁，永誌感謝與讚美。

• 認養人可獲所認養該書 1000 本，由認養人分發運用。

◎預約助印全套「台灣經典寶庫」100 種，每單位NT$30,000元（海外 USD1,500元）。

• 助印人可獲本「台灣經典寶庫」100 本陸續出版之各書。

• 助印人大名寶號刊載於各書前頁，永遠歷史留名。

1. 北海道	2. 青森	3. 岩手	4. 宮城
5. 秋田	6. 山形	7. 福島	8. 茨城
9. 栃木	10. 群馬	11. 埼玉	12. 千葉
13. 東京	14. 神奈川	15. 新潟	16. 富山
17. 石川	18. 福井	19. 山梨	20. 長野
21. 岐阜	22. 靜岡	23. 愛知	24. 三重
25. 滋賀	26. 京都	27. 大阪	28. 兵庫
29. 奈良	30. 和歌山	31. 鳥取	32. 島根
33. 岡山	34. 廣島	35. 山口	36. 德島
37. 香川	38. 愛媛	39. 高知	40. 福岡
41. 佐賀	42. 長崎	43. 熊本	44. 大分
45. 宮崎	46. 鹿兒島	47. 沖繩	

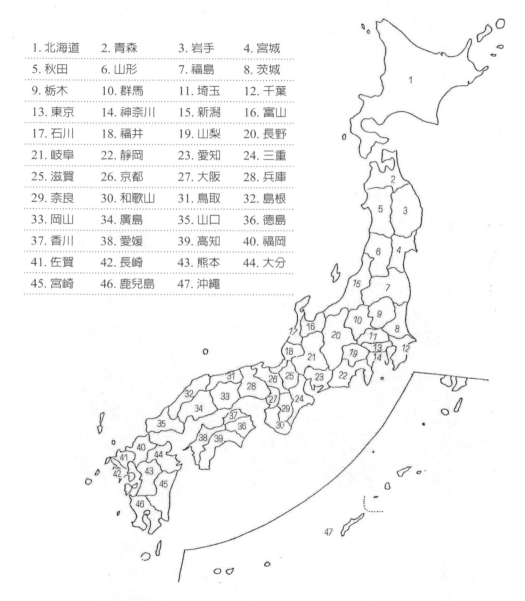

↑ 日本行政區圖

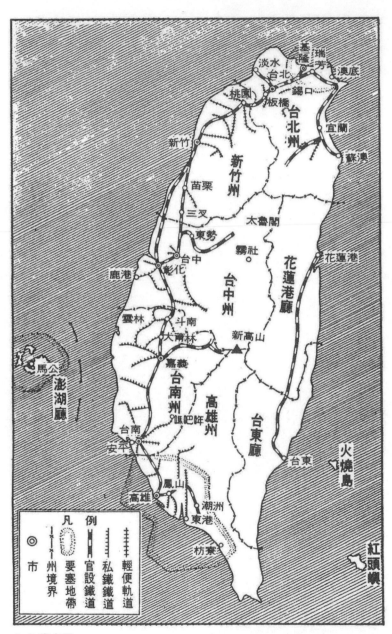

↑ 台灣全圖

原作者漢譯版序

有關研究日本統治時代的台灣，在日本有幾本非常傑出的著作。

許世楷《日本統治下の台灣》（東京大學出版會，1972年）是注重台灣人抗日運動以及台灣人政治運動的學術研究論著。

凃照彥《日本帝國主義下の台灣》（東京大學出版會，1975年）是針對日本帝國在台灣的經濟建設與經濟剝削的學術研究論著。

向山寬夫《日本統治下における台灣民族運動史》（東京中央經濟研究所，1987年），顧名思義，不必解釋，不過也包含相當多的經濟分析，是一本浩瀚的學術論著。

這三本書，在日本構成了一個金字塔。

雖然已經有這些優秀著作，但是讀者限於學術界。第二次世界大戰三十幾年後的日本年輕人，對台灣了解很少，甚至不知道日本跟台灣有過一段相當深的因緣。鑒於此，我接受了邀稿，把那段時期的情形，用簡淺的方式整理出來，因那個時候我也有同樣的憂慮，遂用小冊子的體裁出版了這本書。這次，要在台灣出版漢譯本，我實在應該考慮到島內同胞的需要而重新改寫。但是因為雜務纏身，只好等另外的一個機會來做這項工作。其實，專家雖然不多，總算有幾位，就請這些專家來從事這個重要的工作，可能比較妥當。在這之前，只好增添一些說明，濫竽充數了。

　　這本書，生疏的名字太多了，恐怕讀起來，好像是「電話簿」那樣的枯燥無味，但是如果讀者諸賢之中，有人要做深入的研究時，一定會感覺到方便的。

　　又為了讀者的便利，我加上了日本的地圖、那個時代的日本帝國政府的內閣總理（首相）一覽表、內閣各省（各部）的名稱。

　　我寫日文版的時候，本來希望插入「索引」，要查的時候才不會費時。但是頁數已經超過出版社的原先計劃，不得不割愛，這次由於譯者的努力而替我做了，可以說是有幸。

　　讀者諸賢也許會感覺到，本書對那些總督、總務長官之類，個人的背景寫得太多，治史應該注重描述民眾才對。我也知道這點，同時認為應該如此。不過事過境遷，那些在台灣人頭頂上耀武揚威的人，到底是怎麼樣的人，反而變得毫無所知，似乎不妥；再者，我有意把這本書賦予「政治史」（不是政治運動史）的性格，只好懇請鑒諒了。

　　最後感謝譯者黃英哲先生與出版社給我這個機會，透過著作的形式與久違了整整三十年的父老兄弟姊妹見面。

　　我的牽手謝蓮治女士，在這三十年來幫我整理稿子，從來沒有看過我像洋人那樣，在序文後面寫一句道謝辭，有時難免感覺「歹勢」。現在，在此補辦，只限這次，下不為例。

黃昭堂

離開故鄉30週年之日
1988年12月22日識於「旗の台」研究室

原作者日文版序

最近在美國有一項輿論調查，不知道菲律賓曾經為美國殖民地的美國公民，超過百分之三十以上。

在日本，是否有過類似的調查，不得而知，但是我相信今天的日本，不知道日本曾經統治過台灣長達半個世紀的日本人，應當也不少。日本的歷史教育，觸及到台灣的很少，在日本，一年裏將近有三萬種的新書發行，令人百思不解的是，竟然很少關於台灣的新書。而且，最近刊行的一本學術書，儘管在主題上冠以「日本的殖民地」，卻始終圍繞在朝鮮統治和侵略中國的敘述上，有關台灣部分反而付之闕如。本書即是在喚回世人注意的焦點，重新注意被遺忘了的台灣的嘗試之作。

由於書名是「台灣總督府」，所以對於握有絕大權力的台灣總督，與在其下掌管民政的民政長官之背景和任免經緯的敘述是有必要。因此，本書也許會稍微帶有政治史的性質。當然，關於台灣人的抵抗運動之敘述，在本書中更是不可欠缺。

日本帝國的台灣殖民地統治，不致於為了貪得雞蛋，而把這隻會生蛋的雞輕易地宰掉。事實上，日本帝國為了獲得更多的雞蛋，於是拚命地養肥這隻雞──致力建設台灣。因此，在本書中對於日本帝國如何致力於建設台灣，也將加以全面檢討。如此一來，筆者唯恐這本小書會因盛裝太多的東西，而顯得內容有點雜亂。

　　從來，關於「殖民地統治史」，常常會因為舊殖民地統治者、舊殖民地被統治者、第三者的不同立場，而導致對殖民地統治看法的不同。同時，也會因殖民地統治的直接體驗者和其子孫兩代之間，思想、經驗、性格的不同，而導致彼此之間對殖民地統治看法的差異。

　　筆者到十三歲為止，是在日本帝國殖民地統治下，度過了被統治的歲月。在年齡上來説，可以説是介於體驗者和其子孫之間，不能説是對於本書中所敘述的事情有著豐富的體驗。所以，在本書如果被疑為是體驗之敘述的話，那説不定是筆者長期以來的見聞所累積的體驗，在無形中已溶入潛意識裏。

　　本書由於筆者的調查不足，誤謬之處也許還很多。台灣總督府時代的人，還有不少人活著，此外，為數不算多的台灣研究專家和最近著手台灣研究的新銳們，或許會對本書加以過目，筆者非常仰望諸位的賜正。

黃昭堂

1981年於昭和大學政治學研究室

譯者新版序

　　《台灣總督府》中譯本初版於 1989 年印行，由故鄭南榕先生創辦的自由時代出版社出版，自由時代出版社結束營業後，1994年改由前衛出版社出版。本書中譯本自出版後，因為長期被大學部分台灣近代史開課老師指定為教科書或參考書，得以屢次再版成為長銷書，我為原作者黃昭堂教授感到高興。此回前衛出版社社長林文欽先生再度將此書重新排版，列為該出版社「台灣經典寶庫」系列之一，賦予此書新的生命，我想 2011 年 11 月逝世的黃昭堂教授在天上也會感到欣慰，斯人形骸雖逝，但其精神不死。

　　我非常慶幸在八〇年代中期留學日本時，還來得及相遇戰後第一世代留學日本，致力於台灣研究的先行者，如王育德教授、黃昭堂教授、許世楷教授、劉進慶教授、戴國煇教授、劉明修教授、涂照彥教授等老師輩，其中王育德教授、黃昭堂教授、許世楷教授同時也是戰後海外台獨運動的先行者。如今除了許世楷教授還健在外，其餘諸學者皆登仙籍，成為不歸人。

　　我是因為張良澤教授的介紹得以認識黃昭堂教授，八〇年代留學日本立志台灣史研究的留學生慢慢增多，但在那風聲鶴唳的時代，敢去見他的留學生恐怕不多，他看到我有幾分蠻勇，對我非常親切，研究上不吝指導，甚至在升學路上也不吝予以協助。他常告訴我，愛台灣不是要每個人都去從事政治運動，好好研究台灣也是

愛台灣的一種表現，他的話我始終沒有忘記。黃教授生性幽默，他曾說在東京大學念書時，為了台獨運動經常翹課，有一回日本教授問他為何常缺課，他回答說：「老師您是研究歷史的，而我是去創造歷史給老師研究，因此沒有時間上課。」讓日本教授啼笑皆非，無言以對。我還記得他說過：「好的學術論文是要使閱讀者易懂，如果一篇論文你讀了三遍還讀不懂，你大可以把它丟了。」我又記得有一回在他面前批評一位學者的論文寫得不好，他冷冷地回答說：「那麼你就寫一篇比他更好的論文來。」

我結婚很晚，當時黃昭堂教授已自昭和大學退休，返台定居，繼續台獨運動。結婚時我請他來證婚，他欣然同意。婚禮結束返回日本前夕，我和內人一起前往致謝並辭行，我特地包了一個紅包做為謝禮，他堅持不收，並告訴我有了家庭後一定要省吃儉用，不管是台灣人社會或是日本人社會，基本上都是很無情現實的，絕對不能當弱者，不要期待誰會幫助弱者。黃教授這席話也許是有感而發吧，至今仍在我腦海中迴響著。黃教授一生清儉，從在昭和大學任教寓居日本，直到解嚴，黑名單廢除，自昭和大學退休與夫人一起返台定居，從未置屋，一輩子都是租屋過日，將薪水、退休金全部用在台獨運動上。過去政治人物受人詬病之處甚多，但是黃教授以學者從事政治運動，自律甚嚴，待人極為寬厚，處處能為對方著想，鮮少批評別人而堅持自己的理想。他的逝世代表了堅持信念的理想型台獨運動時代的消逝，至盼此回隨著《台灣總督府》中譯版的重新出版，大家再度反思台灣的何去何從。

黃英哲 2013 年 6 月

譯者初版序

　　談到戰後的台灣研究時，絕對不能避開昭和大學黃昭堂教授的研究成果不談，黃教授有關台灣研究的著作，超過三百篇的論文、政論、評論除外，還有幾本學術性的專書出版，即《台灣民主國の研究》、《台灣の法的地位》，以及《台灣總督府》等。

　　《台灣民主國の研究》原本是黃教授的東京大學社會學博士學位論文。黃教授在論文中指出，台灣民主國的倡議者多為清廷官吏以及台灣土著仕紳，其運動並未建立在台灣一般大眾基礎之上，基本上是屬於前近代式的仕紳集團反抗外來統治者的行動，並未建立基於主權在民的國民國家之抵抗運動。可是，這個時期的武力抗日運動，對日後台灣人的獨立建國運動影響深遠。

　　他的論文於 1968 年提出後，立刻受到日本學術界的肯定與重視，東京大學出版會隨即於 1970 年將該論文出版，這是東京大學出版會首度出版由外國人留學生撰寫的博士論文，同時也是東京大學首次出版有關台灣研究的博士論文。東京大學也因這本書的出版，肯定黃教授的學術地位，從 1975 年開始聘任他為兼任講師，講授國際政治史、東亞政治，直到 1987 年為止，長達 12 年之久。

　　黃教授第二本台灣研究專書（合著）是《台灣の法的地位》（東京大學出版會，1976 年），這本著作原本是他接受日本アジア（亞細亞）政經學會的委託，所作的一項專題研究。在書上，黃教授指出台灣並不

屬於中國的領土，基本上，台灣是台灣人的領土，至少台灣的歸屬至今未定。所以，要決定台灣的將來，須尊重台灣人的意願。此外，這本書的獨創之處是，他用國際法來解釋台灣史，在方法論上也是前人沒有嘗試過的。

這次譯者所翻譯的這本《台灣總督府》，算是比較通俗的著作。在書中，黃教授從日本近代史出發，敘述日本統治台灣 50 年的歷史，並說明日本殖民當局，如何運作「台灣總督府」這部殖民地統治的機器，來施展其統治伎倆。此書於 1981 年由教育社出版，且被列入「日本史叢書」。在日本，這是一件很難得的事情，因為一本書一旦被列入叢書後，就會反覆再版，永遠存在。截至 1988 年 10 月，《台灣總督府》一共發行了 8 版，一本學術性的著作，能平均每年都再版，可見其受重視的一斑。

此次《台灣總督府》的漢譯本，是根據 1988 年 10 月出版的最新修訂版本，在張良澤老師、張炎憲兄、胡慧玲姊等的鼓勵及支持下，才得以完成。希望本書的翻譯，就「信」度來說沒什麼問題，在「達」、「雅」若有不當之處，還請諸位前輩專家不吝指正。

黃英哲

1988年12月12日謹識於東京大森

目次

序章
日本和台灣

日本獲得台灣

1894-1895 年的日清戰爭（甲午戰爭），是做為朝鮮宗主國的大清帝國和日本國之間的一場沒有仁義的戰爭。清廷想確保其在朝鮮的既得利益，日本則想趁著朝鮮內政紊亂加以染指。結果從鴉片戰爭以來一路衰亡的老大帝國敗於新興的日本。兩國于 1895 年 4 月 17 日締結了「日清媾和條約」（即馬關條約），結束了這場戰爭。

根據條約，日本除獲得賠款二億兩（三億日圓）和清國割讓的遼東半島、台灣之外，還取得了不少權益。然而遼東半島的割讓卻由於俄、德、法三國的干涉，而改由清廷以有償的方式收回，如此一

↑ 日清媾和談判

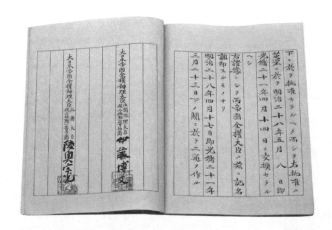

← 《馬關條約》日文本

來，日本在條約生效前，預定取得的新領土就只剩下台灣了。

日清戰爭是因爭奪朝鮮引起的，開戰時，日本帝國的目的是在迫使清廷承認朝鮮獨立，鞏固它在朝鮮的地位。既然這樣，那麼為什麼會發展到日本占有台灣呢？

在日清戰爭爆發前 20 年的 1874 年，日本帝國就曾以台灣住民殺害了漂流到台灣的琉球官民為藉口，出兵台灣，妄圖占有台灣南部，但結果卻無法得逞。在此之後，也不時有人建議占領台灣，如駐天津領事竹添進一郎就曾預測過俄清將會開戰，於 1880 年上書建議占領台灣，當清法戰爭（1884 年）進行之際，駐俄公使花房義質也曾提出同樣的建議，但都沒有實現。1894 年 8 月因嚐到日清戰爭初戰獲勝的甜頭，趁此機會，日本帝國海軍部內部，所謂的「台灣占領論」抬頭了。

這就是由曾任海軍教授，當時正在統帥機關——大本營任職的中村純九郎向樺山資紀提出，並被採納的「關於占領台灣之建議」的由來。樺山曾於琉球官民遇害事件發生後，前後三次，一共花了8 個月時間勘查台灣全境，在出兵台灣時也有隨軍的經歷，對台灣

↑ 樺山資紀

的重要性有著充分的認識。因此,樺山具有接納中村建議的認知基礎。更由於他時任海軍軍令部部長,參加了大本營會議,於是「台灣領有」就成了日本帝國的方針之一。

獲得初戰勝利的日軍,9月中旬相繼發動的黃海海戰與成歡、平壤陸戰均獲大勝,勢如破竹地迫臨清國國境。英國因占有清國對外貿易額的65%,唯恐戰火蔓延到天津、上海,於是在10月8日向日清兩國提出調停的建議。對此,外相陸奧宗光於即日向總理伊藤博文獻出三種講和方案:甲案是旅順、大連割讓給日本;乙案是台灣割讓給日本;丙案則是等待清廷方面提出的談判條件。日本此時提出的領土索求僅是二者擇一,並沒要求遼東和台灣一併割讓。

可是,日軍於11月7日、22日相繼攻陷大連和旅順,殲滅了北洋陸海軍的大部分。翌年1895年2月中旬更占領了威海衛,並且得寸進

↑日治時期所立琉球蕃民之墓

尺地等著開冬，準備向首都北京發動強烈攻勢。

　　在洋溢著勝利的氣氛中，陸海軍雙方卻由於因分享獵物而意見分歧。陸軍認為必須獲取遼東半島，因為在遼東半島流下了不少陸軍將士的鮮血，更由於獲得遼東可以直扼北京的咽喉，並可撫朝鮮之背，為今後大陸政策的執行開闢了道路。海軍則認為台灣是東洋和南洋的通衢要衝，占領台灣做為「圖南飛石」、「南門鎖鑰」，

↑ 伊藤博文

或是對「東洋的安全保障」是絕對不可缺的；至於遼東半島，可由清廷暫時讓予朝鮮，日本再視情況借過來，就可以了。

　　正當陸海軍的意見無法一致的時候，戰場上日軍的接連勝利恰好解決了這個分歧。日本帝國政府在 4 月 1 日的日清講和會議上，向清廷提出了要求割讓台灣和遼東的新停戰草案。

日本的領土擴張及其破綻

　　以台灣為開端，日本從日俄戰爭中攫取了南樺太（庫頁島南部），日俄戰爭後，又接受了俄國的轉讓，租借了遼東半島南端的關東州；1910 年併吞朝鮮，第一次世界大戰後，又取得了南洋群島 (Marshall Islands 與 Marianas) 的委任統治權。1939 年，以「開發」為幌子獲得了新南（南沙）群島做為殖民地。

　　日本帝國的領土擴張，經過了表 1 的順序。

表 1：日本帝國的領土擴張狀況

殖民地	獲得手段	獲得年度	面積／km²
台灣	日清戰爭	1895 年	35,961
南樺太	日俄戰爭	1905 年	36,090
關東州	日俄戰爭	1905 年	3,462
朝鮮	合併	1910 年	220,788
南洋群島	一次大戰	1920 年	2,149
新南群島	開發	1939 年	―
			計：298,450

就這樣到 1939 年為止，日本帝國共獲得了與本國面積（約 38 萬平方公里）差不多一樣大的新領土。

法制上，規定日本帝國原來的領土稱為「內地」，日本本國人為「內地人」，即使是一般用語，或是日本本國人之間也是慣用上述的稱呼。反之，用來指殖民地的用語，則創造了「外地」這個詞彙，然而卻沒有所謂的「外地人」。殖民地的人根據地區的差異而有下列的不同稱呼，這種稱呼在法律用語及日常用語上都使用。

對朝鮮方面稱之為「朝鮮人」，台灣方面，則稱呼漢族系台灣人為「本島人」、原住民台灣人（指高山族）為「蕃人」，關東州則謂之「支那人」，南洋群島的住民則安上「島民」的稱號，長久以來住在庫頁島的土著民則被叫做「土人」（清宮四郎《外地法序說》，頁38）。

日本的領土擴張，雖僅止於上述所提及的，但在中日戰爭時，日本又占領了滿洲及中華民國的一部分，並在上述兩個地區各自設立了滿洲帝國和中華民國國民政府（汪兆銘的南京政府）等等。太平洋

戰爭時，更進一步擴大其勢力範圍，占領了東南亞一帶並設置軍政機構。但是，太平洋戰爭戰敗後，日本不僅喪失了原來的殖民地和勢力範圍，甚至連固有領土千島列島也被蘇聯強占了。現在的領土僅限於北海道、本州、四國、九州的四大島以及若干小島而已。

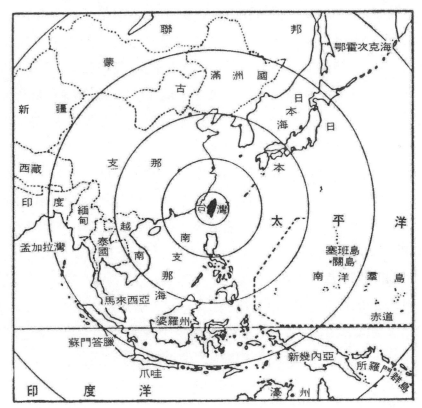

↑ 大東亞共榮圈

台灣人意識的形成

　　台灣被外來者統治並不是始於日本，17世紀的荷蘭統治為開端，其後又經歷了西班牙、鄭氏王朝、清國的統治，接著繼日本之

後，現在又繼續受到中華民國的統治。

台灣住民是由原住民，及 17 世紀以後逐漸增多的漢族系移民所構成的，但人口比例，原住民所占很少。根據最初的正式人口調查（1905 年），原住民僅有 11 萬 3,195 人，充其量只不過占台灣人口的 3.7% 而已。原住民與漢族系住民關係並不融洽，即使是漢族系住民之間，也因語言的不同、交通的閉塞，缺乏交流而產生了許多摩擦，在這些時代並沒有產生「台灣人」的共同意識。

即使這樣，僅就漢族系住民來說，從鄭氏王朝之後，因為抗清而移居台灣的人增多，儘管住民間也有因不合而爭鬥，但相互間近於連帶意識的感情也漸漸增強起來。

台灣住民很明確的意識到自己是「台灣人」時，是進入日本統治之後的事情了。在日治時代，統治者無論從何種角度來看，無疑都是異民族，日本的殖民地統治當局也從不隱瞞此點。日本統治台灣初期，部分台灣住民高呼台灣獨立，組織抗日游擊隊，轉戰南北，無形中加強了連帶意識。爾後，在日本的統治後期，隨著交通的發達，住民間的往來也頻繁起來，如此一來，做為「台灣人」的共同意識也在潛移默化中滋長了。當然，此時的「台灣人」是相對於「日本人」而言，其與中國大陸漢族間的種族臍帶尚未剪斷。

可是，台灣住民之所以叫「台灣人」，而不叫做「中國人」，是有下列理由的：

第一、日本快要占領台灣的時候，不想保衛台灣的人，很多從台灣跑掉，隨後於 1897 年，日本讓台灣住民自由選擇國籍（頁59），不想留在台灣的人也都跑光了，只剩下熱愛台灣卻走投無路的人留下來。

　　第二、在中國大陸，「中國人意識」的形成，是中華民國成立之後的事情。相對於此，台灣住民卻早在十數年前，即遭受了日本統治，台灣住民與中國大陸人民兩者之間並沒有共同的體驗。

　　第三、台灣進入工業化時，中國大陸卻依然停留在農業社會，隨著生活方式的不同，也帶來了意識上的分離。

　　第四、雖然有著殖民地統治的一定框框，卻給台灣帶來了「法治與秩序」，而同時期的中國大陸卻處於軍閥割據的分崩離析局面，國家的真正統一是進入1950年代以後的事情了。

　　第五、從清廷，到孫文的革命勢力，甚至辛亥革命之後，歷代的中國政府無不懷著強化自己權力的目的，一味迎合日本帝國的意向，遂使台灣住民的抗日鬥爭孤獨無援。台灣住民在日本人的台灣總督府──這尊代表統治的機關──鑄鎔下，混雜著抗爭與同化，而寫下了這一時期的歷史。

　　如此一來，在日治時代，做為「台灣人」的共同意識，終於在抗日與差別歧視的過程中逐漸形成了。必須注意的是，原住民想作台灣人的意識也已開始萌芽，並且慢慢地在茁壯成長，關於這個問題，後面再討論。(見頁133-134)

脫離日本以後的台灣

　　聯合國軍隊於二次大戰後進駐戰敗國日本，但在1951年就讓日本恢復了獨立。而台灣，卻被戰時龜縮於重慶，俗稱國府、國民黨政權、蔣政權集團的另一個中華民國政府所占領。國民黨政權之

占領台灣與聯合國軍隊之占領日本，屬同一性質，唯一不同的是，國民黨政權現在依然控制著台灣。國民黨政權占據台灣以後，立刻宣布將台灣併入中華民國版圖，它所採取的手段，完全與蘇聯之併有千島列島的手段相同。總之，都是片面的國內手續，並無條約或任何國際法上的根據（請參照拙共著《台灣の法的地位》）。對台灣人來說，殖民地的統治結構並沒有改變，只是換個統治者而已。

另一方面，逃到台灣的中華民國政府與成立於 1949 年的中華人民共和國政府，互不承認對方的法律地位，雙方都在爭做「中國的正統政府」。中華人民共和國認為，台灣是中華人民共和國領土的一部分，並揚言準備隨時「解放台灣」。

在台灣總督府時代形成的「台灣人意識」，雖然可以說是「台灣民族」形成前的意識型態，但這並不表示已切斷了與中國大陸漢族間的臍帶。日本帝國壓榨台灣的時代，漢族之國的中華民國雖然不支援台灣人的抗日運動，其與日本的壓榨台灣，並沒有什麼關連。換句話說，它並不是台灣的加害者。因此，中華民國取代了日本帝國占領台灣時，在台灣並沒有發生抵抗運動，毋寧是抱著期待的心情。但是，受中華民國統治以後，台灣人所看到的，卻是不亞於台灣總督府的壓制，甚至增加了貪汙、腐敗的行為。台灣人對中華民國以及中國人失望了，於是決心與中國以及中國人訣別的台灣民族論抬頭了，以脫離中國成立台灣共和國為目的之台灣獨立運動也出現了。

統治者換了，可是……

現在台灣仍在國民黨外來政權的統治下，其統治結構幾與當年

的日本無異。例如，日本帝國為了確保台灣的統治，殺害了數萬的台灣抗日運動者；而國民黨政權也於大戰結束不久的 1947 年，對反抗暴政的台灣人抵抗運動即「二二八事件」加以嚴厲報復，殘殺了數萬台灣人。

日本帝國雖然打著「一視同仁」的旗幟，卻不讓台灣人參政；國民黨政權雖然把台灣人納入「相同民族」、「同胞」，卻不敢在台灣舉行全面的國會選舉，其國會自 1948 年以來，一直沒有全面改選過。

日本帝國在行將戰敗的最後數年，把台灣人編入軍隊，但在此之前，一直把台灣人當作連牛馬都不如的軍伕來徵用；國民黨政權從一開始就把台灣人編入軍隊，卻把他們配備在最危險的大陸沿岸諸島、金門、馬祖等。

↑ 1947 年 2 月 28 日，聚集在台灣省專賣局台北分局門口的抗議群眾。

↑ 1918 年新落成的台灣總督府

　　日本帝國在統治後期，禁止台灣話的使用；同樣的，國民黨政權也採取相似手段，沒收用台灣話編寫的《聖經》，限制台灣話的使用，企圖消滅台灣話。

　　當然，日本帝國在某種程度上容忍台灣人的政治結社，而國民黨政權在統治台灣的最初 40 年間，台灣人的政治結社是完全不被允許的。日本帝國幾乎不起用台灣人，而國民黨政權於稍後，在某種程度上起用了台灣人。日本於 1895-96 年，以及 1904 年到翌年的日俄戰爭，在台灣實施了戒嚴令，國民黨政權卻自 1949 年起，實施了長達 38 年的戒嚴令。總之，二者間的統治戲法雖略有所異，但雷同之處甚多。對統治台灣的這兩個政權略加比較的話，將不難發現二者有著太多的共同特徵，但不管是在哪個時代，台灣人雖處於被壓榨中，仍然屹立不撓地繼續茁壯成長。

　　台灣的首府台北市的中心，聳立著一幢代表威嚴的宏偉建築物，這幢配以高塔的五層紅磚建築，是始建於 1912 年，花了 280 萬 3,338 日圓，並於 1918 年完工的台灣總督府辦公大樓，是台灣殖民地統治的一個象徵。歷代台灣總督就坐鎮在這幢大廈二樓中央正面的辦公室，睥睨著台灣人。

　　1945 年 10 月，日本帝國最後一任台灣總督被徒手押解離開了台灣。從那時開始到現在，又流逝了 40 幾年的歲月。可是，台灣總督府的建築仍然聳立，外觀依舊絲毫不變，統治內容也幾幾乎乎不曾改變。如果勉強要說稍有不同的話，那就是建築物周圍，原來得意洋洋的太陽旗已被今天的青天白日旗所取代；還有，招牌也從「總督府」改成「總統府」。期待讀者能邊讀本書，邊對台灣現有的統治型態進行思考比較。

第一章 日本占有台灣

第一節　緊急下的交接手續

任命樺山為全權代表

　　1895 年 5 月 8 日，交換了「日清媾和條約」批准書之後，台灣在法律上完全成為日本帝國的領土。總理伊藤博文於 5 月 10 日，把海軍軍令部長樺山資紀晉升為海軍大將，同時，任命他為台灣總督兼台灣陸軍軍務司令官暨台灣接收全權委員。5 月 21 日，又任命眾議院書記官長水野遵為台灣總督府代理民政局長。在此之前，水野已被任命為台灣授受辦理公使。

　　然而毫無殖民地統治經驗的日本，一旦領有台灣卻沒有可以襲用的政策和法令。因此明治政府早於日清講和最緊張的時刻，就委託聘請來的外國人研究統治新領土的策略。樺山、水野等可數的幾位「台灣專家」也參與意見。以這些研究成果為基礎，總理伊藤博文於任命樺山為台灣總督之際，頒布了「有關赴任時政治大綱之訓令」（以下簡稱「政治大綱」），訓示了施政方針。「政治大綱」隨著統治時期的不同，執行上有緩急的區分；但從結果來看，在此後 50 年間，於規定台灣總督的權力方面，則深具意義：

　　　……奉承詔命，佈達如左之大綱，以資貴官執行重任之需。本不期掣肘貴官之行事，如有急事或是未測之事發

生，其性質屬於急迫者，無暇向政府電告待命之情況，貴
官可斟酌適合本訓令之規定，臨機獨斷之後，再將事情始
末呈報即可。　　　　　　（《日本外交文書》第 28 卷第 2 冊，頁 533）

　　這個訓令規定了樺山總督即使沒有請示本國政府，也能根據情
況隨機應變。不僅如此，就是殖民地法制整備之後，也是繼續執行
「政治大綱」中的訓令。

反對割讓台灣的聲浪

　　「日清媾和條約」中，關連到台灣對日割讓的，有如下之規定：
「俟本約批准互換之後，兩國應選派官員二名以上為共同劃定疆界
委員，就地踏勘確定劃界。」（第三款）早在和談開始之前，日本要
求割讓台灣的傳言，已在台灣傳揚開了，結果引起了一片反對的聲
浪。到此時為止，統治台灣的清廷，如果派遣委員到台灣，並在
台灣島內舉行交接手續的話，日本就可以按原訂計劃，順利接收台
灣，避免不必要的糾紛和困擾。

　　日本方面以樺山總督為全權代表，水野代民政局長為交接手續
的辦理公使。按照條約規定，最遲應於 7 月 8 日以前完成交接手續。
可是，從 4 月中旬以來，阻止日本領有台灣的行動，開始在台灣島
內活躍起來。

　　台灣住民除了原住民之外都是漢族系住民，因受傳統華夷思想
的影響，一向把日本人侮蔑地稱之為「倭人」。儘管這樣，台灣卻
偏偏要成為這「倭人」的殖民地了，當然會湧起一片反對割讓的聲
浪。特別是透過科舉，深受中華思想薰陶的讀書人，及深信財產會

↑ 北白川宮能久親王

被沒收的富豪、地主，都強烈地反對割讓台灣。日本在法律上雖說領有台灣，但是要眞眞正正地領有台灣的話，是非靠武力不行的。

　　察覺到這種情勢，日本政府決定派遣在滿洲征戰中的近衛師團（禁衛軍）前往台灣。5 月 24 日，樺山總督率領準備接收台灣的文武官僚一行，從廣島縣宇品搭乘橫濱丸出發，27 日，與北白川宮能久親王率領的近衛師團在琉球那霸背面的中城灣會合，29 日，他們的蹤影就出現在台灣北面的海上了。

戰戰兢兢的清廷全權代表

　　另一方面，清廷方面的台灣交接全權代表卻面臨難產。早在日清開戰前，清廷內部就出現了以光緒帝為首的主戰派和以西太后為首的主和派，雙方互相對立，直到清國戰敗後，他們之間的爭吵一直持續不斷。主戰派把「日清媾和條約」視同亡國條約，將責任歸咎於負責締約的全權代表李鴻章、李經方父子，主張應由李氏父子去擔負起所謂「交接台灣全權代表」的屈辱任務，在這種壓力下，清廷即于 5 月 18 日任命李經方為全權代表。

　　這時台灣的反割讓運動正日益高漲，李鴻章害怕兒子李經方會被台灣住民傷害，極力迴避履行此任務，但卻徒勞無功。擔心兒子生命安危的李鴻章，轉而再三要求日方提供保護，懇請將日清全權代表的會談地點設在海上，或設在已於日清和談期間被日方占領的

澎湖島。

但是日本方面為了能風風光光、堂堂正正地在台灣履行交接手續，向李鴻章提出將會合地點指定在淡水，如果清廷全權代表碰到困難的話，就把他們臨時護送到澎湖島或福州，等到鎮壓了台灣島上的騷亂之後，再接李經方登陸。得到了日本方面的保證，李鴻章才安下心來。

可是，另一方面，台灣的抗日運動卻意想不到的高昂起來。5 月 23 日，台灣宣告獨

↑ 李鴻章

立，25 日，成立了台灣民主國，日本兩艘軍艦只準備靠近預定的登陸地點淡水港時，即遭到來自岸上的砲擊。到此時，日本方面才知道台灣島內情況不妙。因此日軍放棄在淡水登陸，將登陸地點改到基隆附近，準備從那裏進入台北與清廷全權代表會合。

奇特的海上會談

被任命為全權代表的李經方，在出發之前還是抱著遲疑觀望的態度，由於伊藤博文的催促，始勉強於 29 日夜幕低垂後，悄悄從上海出發。為了避開從台灣陸上來的砲擊，李經方的船公義號掛著德國國旗。6 月 1 日公義號和樺山總督的乘船橫濱丸在三貂角海面

上會合。而在兩天前的 29 日，日軍已展開登陸作戰，樺山總督也已決定要徵求清廷全權代表的意見，到底要照預定在台北舉行交接手續，或是在船內舉行交接手續。

6 月 2 日上午 10 時，李經方登上橫濱丸親訪樺山，在船上，他們展開了第一回合會談。會談中，李經方毫不隱藏對性命的憂慮，發言始終圍繞在他個人的安全上：

> 關於割讓台灣，台人妄想是因我等父子談判的結果，對我一家懷恨甚深。小官若登陸台灣，恐立刻會被刺殺，冀望能准許小官可以不登陸台灣。

（伊能嘉矩《領台始末》，頁 19）

↑ 1895 年 6 月，李經方（前排左）在「橫濱丸」艦上與日方代表商議台灣交接事宜。

此外，還以「台灣島上發生了人民暴動，無法執行交接」，又有「有病在身，此地居留甚害健康」為理由，並且強調台灣住民的慓悍強暴，不能和其他的清國人相比，因此熱切希望趕快完成交接手續，好早日歸國。還有如何對付這些慓悍的住民，李經方很殷勤地向樺山提出了忠告。身為一個曾經統治過台灣達213年之久的大清帝國全權代表，竟然那麼考慮自身的安全，絲毫不關懷台灣的住民。

第二回合會談

第二回合會談是在同一天上午 11 時 20 分舉行，由樺山前往公義號會談。會談中，李經方還是喋喋不休地大吐他的苦水，而且稱呼台灣住民為蠻民，並希望將來日方能為他消除台灣住民對李氏一家的怨恨，他向樺山作以下的懇請：

> 小官深信以閣下之卓越才能，必能勝任總督之職，駕臨台灣之後，將急速平定騷亂，開化蠻民，收到開導效果。盼望閣下在平定台灣之後，教導島民，讓他們知道台灣是根據講和條約，由日本來接收，並應該去掉對李氏一家之怨恨。
>
> （伊能，前揭書，頁24）

第二回合會談歷時 25 分鐘就結束，同日下午 2 時，水野公使親赴公義號討論有關接收事務。討論的結果，根據日方準備的草案，下午 4 時，雙方就有關「台灣受渡公文」達成合意後，首先在橫濱丸由樺山簽字，下午 9 時在公義號由李經方簽字。任務結束的

李經方，則在深夜凌晨 0 時 30 分起錨回國。

可是，按照此時所交換的「台灣受渡公文」的實質規定，日方完全接收位於台灣全域的開口港，以及各府廳縣之城壘兵器製造所和官有物，所指皆是很籠統的東西。這是根據只想把手續很快了結，儘速歸國的李經方之意見。

本來，交接手續的最大效用，是在於減少更換新舊統治者的大變動所帶來的混亂，並使後繼的新統治者能順利繼承統治。可是，此時的台灣交接，由於台灣現地發生激烈的抗日運動，當然不能企盼有此種效果，而且由於讓渡國的清國全權代表的怯懦，使割讓事務草草了事，並以未曾有的方式──不是在割讓地的陸上舉行交接手續，而是在海上舉行交接手續──這種情況使得一部分的台灣抗日運動者，認為充分顯示出清廷對台灣的蔑視，有助於他們去除對清廷的幻想。

第二節　台灣攻防戰

獨立運動的醞釀

1885 年，清廷將台灣升為行省，首任巡撫是劉銘傳，第二任巡撫是邵友濂。1894 年起，則由唐景崧以「署巡撫」代理巡撫職務，名義上說是代理，但實質的權力與巡撫沒什麼兩樣。可是，做為一個行省最高當政者的唐景崧，上任還不到半年，就聽到要割讓台灣

的悲聞。

唐景崧與他視如座師的南洋大臣兼兩江總督張之洞遙相呼應，希望能招來列強的干涉，阻止日本占有台灣。

台灣從 17 世紀開始，就成為列強角逐的場所，當時就有法、英、德、美諸國對台灣虎視眈眈，唐景崧想乘著俄、德、法三國干涉還遼成功的機會，如法泡製。

↑張之洞

可是，三國干涉成功，確定遼東半島要歸還清國後，清廷唯恐台灣問題的紛爭會使遼東歸還化為烏有，或將對進行中的日清講和造成影響，於是下令唐景崧回國。唐當然不得不服從朝廷的命令。

↑唐景崧

但是，從丘逢甲開始，及一群被稱之為「仕紳」的科舉、官位保有者、大富豪、大地主卻不放唐景崧走。他們希望在封建時代擁有無上威令的巡撫，能留在台灣領導抗日。此外，在日清戰爭期間和以後，唐景崧熱中於招來列強，行以夷制夷之際，以高酬從大陸招來的兵勇也不放他走，因為雇傭者一走，他們所期待的報酬當然也就落空了。如此一來，唐巡撫夾在朝廷與仕紳、兵勇之間，陷入進退兩難的困境，「終日以淚洗面」（唐的上奏電）。

↑丘逢甲

儘管仕紳脅迫，唐還是決心回國，首先，他將他的母親送回國內，但連他的母親都遭到襲擊，可見當時治安已陷入混亂。台灣仕紳丘逢甲等主張應該宣布台灣獨立，徹底實行抗戰。北京的主戰論者總理衙門章京沈曾植和訪台的法國將校也鼓勵台灣獨立。

↑ 台灣民主國國璽

唐徵求他的好友淡水海關稅務司英國人摩斯 (H. B. Morse) 的意見，摩斯回答他：

> 清國官吏在台灣從事抗日運動的話，清廷必招致日本的非難，即使是宣布獨立，情形也一樣。不過，如果獨立後的台灣以「民國」的形式出現的話，清廷大概不會受非難吧！ (H. B. Morse, *Letter-Books*, MS., Vol. III 哈佛大學赫頓圖書館藏)

當時還沒有「共和國」的用語，所謂「民國」就是「共和國」的意思。

台灣民主國的成立

唐景崧判斷如果朝廷不受日本非難的話，那他沒有遵從歸國命令的罪，也許會比較輕吧！於是他們就在 5 月 23 日宣布台灣獨立，25 日正式生效。

台灣民主國獨立宣言

照得日本欺凌清國，要求割讓我國土台灣，台民曾向朝廷請願，未克奏效。吾人聞知倭奴不日將至，吾人如屈從，則吾土吾家皆將淪於夷狄，如吾人抗拒，以實力較弱，恐難持久。屢與列強磋商，咸謂台民應先自立，然後可予援助。

吾台民，誓不服倭，與其事敵，寧願死亡。爰經會議決定，台灣全島自立，改建民主國，官吏皆由民選，一切政務從公處置。但為禦敵及推行政事，必須有一元首，俾便統率，以維秩序而保安寧，巡撫兼署台灣防務唐景崧夙為人民所敬仰，故由會議公推為民主國總統。公印業已刻成，將於初二日(5月25日)巳時由全台紳民公呈，凡我同胞，無論士農工商，務須於是日拂曉齊集籌防局，隆重行禮。幸勿遲誤。

台民公告

如此一來，被視為「亞洲最初的共和國」的台灣民主國宣告成立。其主要官廳和首腦如下——

總統：唐景崧

副總統：丘逢甲

台灣承宣布政使總理內務衙門督辦(內務大臣)：俞明震

↑ 台灣民主國國旗

台灣總理各國事務衙門督辦（外務大臣）：陳季同

台灣軍務衙門督辦（軍務大臣）：李秉瑞

大將軍：劉永福

議院院長：林維源（無就任）

　　首都設於台北的台灣民主國政府，將如以下所述，旬日間即崩潰。其後，6月下旬，在台南設立了新的政府機構，首腦如下——

總統：劉永福（無就任）

執行委員會（委員7名）

籌防局局長：陳鳴鏘　統領：許南英

糧台：陳鳴鏘（兼任）

台灣民主國海關稅務司：馬克仁（G. Macallum）

議院議長：許獻琛

議員：徐元焯、林馨山、謝鵬翀、陳鳳昌

台北城的陷落

台灣攻防戰從 5 月 29 日下午 2 時開始拉開序幕。北白川宮能久親王率領日軍先遣部隊近衛師團（師）第一旅團（旅），首先從台灣東北端的澳底登陸。當時，台灣防衛軍有在大陸招募的兵勇和台灣

↑ 日本領台後在最初登陸地塩寮立碑

↑ 1895 年 5 月 29 日，日本軍於台灣東北角澳底登陸，圖為近衛師團北白川宮能久親王
登陸後紮營情形。

住民自己組織的民軍，共有 150 營，約有 5 萬人左右。兵勇的主
力主要是布置在台灣北部，特別是基隆、台北、淡水。所以日軍才
變更計劃，避開在基隆登陸。

日軍擊退了數千名的防衛軍，占領瑞芳，進向基隆。6 月 3 日，
在日本常備艦隊砲擊基隆之後，近衛師團開始攻擊基隆，基隆攻防
戰是一場猛烈的激戰，據報守備軍死了 250 名，負傷者無數，歷時
數小時結束。在基隆外海指揮作戰的台灣總督樺山，等到基隆港的
清除工作完畢之後，於 6 日登陸基隆。就這樣，這一位新統治者的
足跡踏上了台灣的土地。

基隆陷落給首都台北很大的衝擊，從基隆敗走的守備軍蜂擁似
的進入台北，一部分兵勇因要求薪餉，引起了騷動。在城中，亂兵
不僅掠奪路人、姦淫婦女；而且，到處放火，製造狼藉。看到前線

敗戰和城內混亂情況的民主國政府首腦，終於也開溜了。唐總統於
4 日的傍晚，逃離台北，並於 6 日從淡水逃亡大陸。在此過程裏，
唐對試圖阻止他逃亡的兵勇，撒下了大量的庫銀。俞明震、李秉瑞、
陳季同也大致在這個時候逃到大陸。

　　看到台北有如活地獄般的混亂，仕紳們決定派遣商人辜顯榮迎
接日軍進城。7 日，日軍終於兵不血刃地進入台北城。辜因為有此
功績，往後一直受到台灣總督府的重用，抗日運動者給他一個蔑稱
「第一號台奸」。

↑ 辜顯榮

↑ 乃木希典

占領台北以後，日軍迎接樺山總督入城，6 月 17 日在台北城內舉行始政典禮。爾後，台灣總督府將此日指定為「始政紀念日」，直到總督府的末日為止，每年都在台灣全島舉行紀念典禮。

各地的抵抗運動

雖然台北一帶的攻防戰在很短的時間內即結束，可是日軍碰到的頑強抵抗卻在這之後才開始。

6 月 19 日，日軍開始南進，10 月 21 日進入台南城。迄至 11 月 18 日，樺山總督才向大本營報告「全島平定」，共歷時 5 個月的軍事行動。這期間，8 月 6 日，日方派出混成第四旅團，並於 10 月 11 日命令乃木希典中將率領第二師團做為增援軍登陸台灣。日本的占領台灣，比它原先所估計的，花費了更長的時間和更多的兵力。從台灣攻防戰之激烈與日軍行進的遲緩，就足以顯現日方所費甚鉅。

城市的攻防戰，雙方配置的兵力都很多，可是激烈的戰鬥卻很少，反而是環繞在小街鎮與村落的小規模戰鬥來得較激烈。最令人注目的是，台灣民軍在日軍進擊時往往不加抵抗，事後卻在背後偷襲，並攻擊占領地區的日本守備隊。

根據日本帝國參謀本部的記錄，日軍在台灣中南部所到之處遭受到的抵抗，的確是「幾乎感覺全台皆兵」(參謀本部編《日清戰史》第 7 卷，頁 758)。在別的記錄裏，批評到台灣住民的抵抗時，作了以下的感慨。「富剽悍決死之氣象」、「婦女亦參與戰鬥抗我皇軍」、「多數人民富抗敵精神」、「自由自在地運用間諜」(川崎三郎《日清戰史》第 7 卷，頁 372)。和北部初期攻防戰的激烈程度比較的話，中南部攻

防戰和後期的攻防戰激烈多了。其所以會有不同，應考慮到以下幾點因素。

　　第一、北部的防衛軍是以大陸招募來的兵勇為主體。他們只期待從應募中取得報酬，缺乏捨命死守台灣的氣概。相反地，中南部的住民自發性的組織民軍，燃起了死守自己長年所居住之鄉土的意氣。最重要的，也許是清法戰爭中勇名遠播的劉永福將軍，於戰事初起後，有一段相當長的時間留在台灣，成為他們心理上很大的支柱。

↑ 劉永福軍的誇大宣傳

　　第二、前往攻打台灣的近衛師團，在日軍當中與第四師團並誇是最新裝備的部隊。他們原先是被派往滿洲南部，可是到達戰地時，早已休戰了，與那些先遣部隊不同，無法建立赫赫戰功，對他

們而言是一件切齒扼腕的事情。因此，攻打台灣的命令一下達，他們就急於建功，濫殺無辜，結果引起台灣住民敵愾同仇之心。後繼的混成第四旅團，其殘暴也不亞於近衛師團，儘管只是完成「驅逐少數賊匪」的工作，可是他們卻燒盡村莊，「一路夷平有敵意的沿道各庄」前進（參謀本部《日清戰史》第 7 卷，頁 260 以後）。

第三、在占領地區，日軍除了要求地方的有力者提供妻女，並在行軍途中強暴婦女，引燃了台灣住民的復仇心理。例如黃榮邦、簡精華、林苗生就是這種例子。當初，日軍占領大莆林（雲林縣大林）時，簡精華清掃道路、屠殺豬羊款待日軍，日軍還要他獻上婦女200 名。由於他沒有回應，於是日軍將他一族的妻女 60 餘名強行拉走，肆意姦淫。結果，激怒他組織了抗日部隊（姚錫先《東方兵事紀略》第 5 卷）。簡大獅的情況也是一樣，因為從他的妻子開始，他的母親、嫂嫂、妹妹全被日本兵士姦殺，家族又有十數人被殺，故激起他奮起抗日（簡大獅的供述書）。

台灣民軍的敗北

日軍所施行的殺戮慘狀，可以從統計數字上顯現出來。從日軍登陸到 10 月為止的 5 個月期間，即所謂台灣攻防戰的期間，被日軍所殺害的人數，根據台灣總督的報告有一萬餘人（伊能嘉矩《台灣文化志》下卷，刀江書院，頁 980)。但實際上達 1 萬 4 千人之多，受傷者的數目雖不明，但一定比死亡數目多。按照當時台灣約 260 萬的總人口計算，犧牲者的比率可以說相當高。

而同時期的日軍戰死者，只有 278 人，連受傷者一起算的話，也不過是 931 人（陸軍省醫務局《明治 27、8 年役陸軍衛生事蹟》第 4 卷上，頁 2)。

日軍採取的態度可以說是日本兵士只要每被殺 1 人，必拿 50 個台灣人生命做為賠償。這可說是一場欲罷不能的殊死戰，最主要原因還是台灣住民面對日軍的殘暴，燃起了他們的憎惡心與復仇心。例如，8 月中旬，吳得福組織民軍準備襲擊日本占領的台北之前，他殺了自己的五歲小孩，一起和同志飲血為誓，作了鬼哭神泣行動似的決死覺悟，就是其中一個例子。

當時的台灣民軍每 10 人才能分配到一把火器，即使分配到火器，也多半是獵鎗和木砲，民軍大部分都是使用劍戟竹槍。反觀日軍，他們都是操縱裝填無煙火藥的村田鎗，特別是近衛師團所配有的改良式村田鎗，是最遠射程可達 3,112 公尺的連發式火器。此外，各師團除了配有砲兵聯隊外，還有來自海上的常備艦隊（後來的聯合艦隊）的艦砲射擊支援。台灣民軍可以說是奮勇地投入一場沒有勝算希望的戰鬥。

台北陷落之後，設在台南的台灣民主國政府，雖然糾合了當地的仕紳，但富豪們都逃跑了，陷入了軍資窮乏的困境。為了解決困境，民主國政府發行了可以抵用

↑ 台灣民主國於台南發行的官銀票及股份票

↑ 台灣民主國郵戳

↑ 台灣民主國郵票

↑ 劉永福

紙幣的「官銀票」，起初勉強可以通用，但隨著戰局的緊迫，最後變成了一堆廢紙。此外，又發行了郵票，但是動亂期的郵政工作，根本無法進行。不知不覺當中，郵票卻變成逃往大陸的難民放行費代替品。

看到形勢不利的台灣民主國最後高官大將軍劉永福，於 10 月 19 日逃離台灣，台南城陷入大混亂，台灣民主國終於滅亡了。

有關台灣攻防戰，因為人們把注意的焦點，置於先前以朝鮮、滿洲為戰場的日清戰爭，無形中把台灣攻防戰忽略了。若將二者的內容相比較的話，則應該給與以獨立為目標的台灣攻防戰新的評價才對。

台灣民主國和台灣總督府

台灣史的時代劃分，歷來的研究者總是避免在清國統治時代和日本統治時代的中間，加入「台灣民主國」時代。最主要原因，除了因台灣民主國的存在期間很短、統治權力的實體不明以外，研究者總是有意無意間多了一層政

治顧慮。

　　對日本帝國來說，台灣民主國的存在期間和台灣總督府的初期統治期間相互重疊，故難以承認。對中華民國而言，如果承認台灣一度獨立的事實，那對它的現行政策，可能有阻礙，這種考慮對於中華人民共和國而言也是一樣。與這些統治者不一樣立場的台灣人，也不見得就欣賞台灣民主國。因為台灣民主國的政府要員多半是清國官吏，總統唐景崧向清廷的通電，也屢屢強調「對朝廷絕無其他用意，唯有忠誠而已」，的確會令人產生不協調的感覺。台灣民主國不能得到台灣史上一個劃時代的評價，就是因為這個原因。

　　可是關於統治權力的競爭乃至於統治地域的消長，從最近的柬埔寨可以看到這種例子。此外，存在期間短，得不到外國承認的例子，眾所皆知的，就有1898年成立的菲律賓共和國。在國際法上，國家的成立，外國的承認並非要件。

　　所有的台灣抗日游擊戰，雖然並不是都在台灣民主國政府指揮下進行的。但是也有像劉永福將軍、徐驤的例子那樣，高舉著台灣民主國。特別是徐驤，由於激憤清國對台灣所持之無情措施，起而抗日，「若能成功則樹立新國家，輝映千古；若失敗，則我等之骨與血願隨台灣一同消失。」民主國副總統丘逢甲則一語道破：「台灣屬於我台民。」從上述的例子，不應該說「台灣民主國」劃了台灣史的一個時代嗎？筆者在早先出版的《台灣民主國の研究》一書裏，已經提起了若干的問題，在此省略有關的議論。

　　台灣總督府在6月6日樺山總督登陸基隆的同時，就設在基隆海關事務所，並在樺山進入台北城的同一時間，在台北的舊布政使衙門，即和後來的台北公會堂（現在的中山堂）同一個地點，設置

↑ 台北公會堂

總督府。

　　雖然形式上已經設立了官廳，但是台灣總督府的威令所能及的地方，僅限於它軍事上所能控制的區域，當然這是會隨著日軍的軍事展開而擴大其控制區域。台灣總督府的統治區域每擴大一次，相對的，台灣民主國政府的統治區域即縮小一次。在混亂期當中，當然不能說二者都享有對各區域的絕對支配權力，比較妥當的說法是二者的支配力其實都很微弱。

　　總之，1895年的台灣，事實上有兩個相對的國家權力在互作競爭，雙方都在為了蠶食對方的各種權力而互相纏鬥著。做為「事實上的國家」的台灣民主國，只享受了148天的歷史，版圖慢慢被蠶食、縮小，最後，終被日本帝國的權力機關台灣總督府消滅。

第三節　占有的確立

境界的設定和不割讓宣言

　　台灣是由包括澎湖島的 87 個島嶼所構成，但是在清國占有台灣時，和四周圍小島的關係，並不十分明確。日本占有台灣後，8 月 7 日，代理外相西園寺公望和西班牙駐日公使卡爾渥 (Don José de la Ricary Calvo) 交換「關於西太平洋日西兩國版圖境界宣言書」，釐定台灣和菲律賓的境界。在宣言書中，確定了幅員 92 海浬的巴士海峽之「以能航行海面中央的緯度並行線為準」、「在該境界線北方及北東方的島嶼」屬於台灣。根據宣言書附圖的話，是在北緯 21 度 25 分拉開該境界線。

　　另一方面，由於日本的占有台灣，使得台灣和琉球的境界，變得模糊不清，即使到了今天，還有「釣魚台群島歸屬問題」的後遺症。

　　日本於 1874 年出兵台灣，企圖將琉球的歸屬日本明確化。琉球雖屬舊薩摩藩，但同時也向清廷朝貢，所以似乎同屬日清兩國。在台灣住民殺害琉球官民事件 (1871 年) 裏，日本把琉球官民當作是「自己國民」被殺，向台灣出兵。事後，雖然清廷於 1874 年的日清協定中，承認日本的出兵台灣是一項「保民義舉」，並默認琉球歸屬日本，但其後清廷又改變態度，堅持琉球歸屬大清帝國。

↑ 牡丹社事件中日軍首領西鄉從道（中坐者）與台灣原住民合影

　　擔任此事折衝的宍戶璣公使於 1881 年離開北京後，日本片面認為琉球問題已解決，主張琉球屬於日本。但是清廷依然不承認日本的主張，此事就這樣陷於擱置狀態。

　　其後，日本漸漸確立了對琉球的實際控制，並進一步的占有台灣，已沒有必要再明確劃分沖繩（琉球）和台灣的境界。在釣魚台群島周圍捕魚的，不管是沖繩漁民，或是台灣漁民，都屬於「日本臣民」，應該不會再發生任何問題。可是恰恰相反，在第二次大戰，日本戰敗以後，卻因而產生釣魚台群島歸屬不明確的問題。釣魚台群島到底是沖繩的一部分呢？還是台灣的附屬島嶼？相信以後台日間還會有一番論戰與抗爭。

關於領土問題，我們來看一下日本所發表的「台灣不割讓宣言」。

日本占有台灣數個月後的 7 月 19 日，代理外相西園寺公望對俄、德、法三國駐日公使口頭上表示：「日本帝國絕對不會把

↑ 牡丹社事件的蕃社歸順保護旗

台灣割讓給他國。」日本對屬於自己國家領土的台灣，發表不割讓宣言，對日本而言，這是一個唯一的例子。

本來，每一個國家都有按照自己意思，處理自國領土的權利，割讓領土給外國也是這種權利之一。如此說來，如果針對某一部分領土發表「不割讓宣言」，換句話說，就是自己願意放棄這種權利。通常，這是弱國在強國的強制下才會有的現象，表示該地域已是該強國的勢力範圍了。

當時國運日昇的日本帝國，因為屈服於干涉還遼成功的俄、德、法之要求，所以不得不再屈服一次，發表了台灣不割讓宣言。當時，三國很怕日本獨占了台灣海峽，於是要求不管戰時或平時，不可以在澎湖島上建築砲台，又不得妨害台灣海峽航海的自由，並保證台灣島和澎湖島將來絕不能讓與他國。

要求海峽的自由航行，這是被視為理所當然的事情，但是要求日本對自國領土發表不割讓宣言，這就頗令日本外務省猶豫了。經過內閣會議後，判斷這是無可避免的事情，於是日本政府發表了台灣海峽自由航行和台灣不割讓宣言。其實，俄、德、法三國要求日本發表這種宣言的目的，不過是為了確保海峽的航行自由，並不是

為了確立在台灣的自國權益。事實上，當時日本帝國日漸強大，台灣不可能成為三國的勢力範圍。

不平等條約的處理

當時，清廷所簽訂的一連串不平等條約是適用於台灣的。日本接收台灣後，並沒有打算要承認不平等條約中所包含的通商口岸、領事裁判權、協定關稅、外國人的居住及擁有不動產等特權。但是為了使在台外國人安心，並進而和列國維持和諧關係，日本決定讓外國人繼續享受這些特權的一部分。但這並不是繼承清國的對外條約，而是出自日本的「好意」，日本政府如此解釋，而決定這些事務由台灣總督府外務部處理。

清廷治台時期的開口港有安平、淡水二港，以及做為其附屬開口港的打狗（高雄）、基隆二港，實質上共有四港。日本政府指定上述四港為開口港，並准許外國人在開口港和台南居住、從事商業。

台灣總督府的這個措施，使外國人居住的範圍擴大了。因為以前外國人僅限於居住在淡水、安平、打狗三港的某些地區，現在，基隆也可以了，又把台南城內的大部分改做「雜居區域」，同時把大稻埕當作淡水港的一部分而准許外國人在這裏「雜居」。這樣一來，外國人的居住空間比以前擴大了。

關於領事裁判權，日本於 1896 年這年，正式承認。根據同年8 月制定的「外國人處理規則」，外國人現行犯可帶往官署，如果該犯人拒絕，或者有逃亡之虞，則將該犯人交給該犯人的領事。非現行犯的情況，則由檢察官向該犯人的管轄領事請求逮捕狀加以逮捕，再經檢察官送往領事館。

　　明治維新以前的日本，曾被迫與列強訂了一些不平等條約。日清戰爭的前後，日本成功地修改了不平等條約。到了 1897 年，一方面因有內務大臣的內訓「經修正的條約，在台灣施行之」，另外，日本本國也在 1899 年 7 月 15 日施行經過修正的條約，台灣遂與日本本土同時廢除了領事裁判權。

　　此外，協定關稅稅率也在 1911 年以後，和日本本國同時解決、撤廢。

國籍選擇

　　日本帝國占有台灣之初，准許台灣住民行使國籍選擇權。這是根據日方的提案，在「日清媾和條約」上，作了以下的規定：

> 本約批准互換之後，限二年之內，日本准中國讓與地方人民願遷居讓與地方之外者，任便變賣所有產業退去界外，但限滿之後尚未遷徙者酌宜視為日本臣民。
>
> （第五款）

　　日本在領台之初，施行國籍選擇制度，雖然是順著 19 世紀後半的世界潮流，但是，是不是應該將這個制度適用於台灣，曾引起爭論。問題的所在是，像台灣住民這種風俗習慣不同的異民族，大量從台灣移出對日本有益呢？還是少量移出對日本有益呢？當時，也有人建議，將台灣住民通通趕出，並從日本內地招來大量移民（《台灣總督府警察沿革誌》第二篇上卷，頁 664。以下簡稱《警察沿革誌》）。

　　乃木總督、曾根民政局長傾向於將台灣住民趕出，結果，最後

還是採取了鼓勵台灣住民繼續留下的政策。1897 年 3 月 19 日，總督府向轄下官廳發出內訓「台灣住民分限取扱手續」（台灣住民身分處理辦法）。在該「手續」中，須特別注意的有以下幾點：

(1) 有權行使選擇權的「台灣住民」，照規定的條件，只限於在台灣擁有一定住所的人。但是非台灣的永久住民──從大陸來的短期勞動者也給與國籍選擇權。這是因為當時台灣的戶籍沒有整備，很難區別台灣住民和短期居留者。

(2) 沒提出任何手續，保持沉默並在期限之前沒有從台灣移出的住民，原則上，悉視為日本帝國臣民。但是「有土匪嫌疑的人和可能妨害治安的人」除外。

(3) 根據閣議的決定，在期限內有意做日本臣民的人，提出申請時，可以提前給與日本國籍。

關於 (3)，總督府最後並沒有採取此辦法。即對在期限內表明有意做日本臣民的人，只受理他們的申請書，但在兩年期限未滿之前，不給與日本國籍。

此外，按照當初規定，選擇舊國籍（清國）的人，必須在期限之內離開，但後來也緩和多了。

離台者少得令人意外

將該「手續」和地方官廳頒布的告諭合起來看的話，施行國籍選擇時的概況，如以下所述。

　　台灣住民中想做日本臣民的人，並不需要辦理任何手續。另外，不想做日本臣民的人，並非一定在期限之內移出不行，但是必須在期限以內，登記他的意向：是要離開台灣，或是移居外國人雜居的地區。而這些人必須將不動產所有權轉讓給日本臣民。比如說，他的孩子要做日本臣民，那麼就把不動產登記在孩子的名義之下。

　　按照上述規定，在 1897 年 5 月 8 日的最終期限前，向關係官廳登記要離開台灣的人，總共約 4,500 人，按當時的台灣行政區域來區分的話，如以下的數目（《警察沿革誌》第二篇上卷，頁 688）：

台北縣	1,874 人
台中縣	301 人
台南縣	2,200 人
澎湖廳	81 人

　　即使給與讓受地住民國籍選擇權，住民如果選擇舊國籍，則必須離開已有生活基礎的舊居住地，對他們而言，不只帶來精神的苦痛，生活上也是極大的冒險。因此，選擇舊國籍之人數，就一般來說，不會太多。但是，即使是這樣，台灣的情況，選擇舊國籍（清國籍）的住民之比率仍是異常的低。1871 年的「法蘭克福和平條約」，從法國手上割讓給德國的亞爾薩斯、洛林兩省的居民，選擇舊國籍（法國籍）的人，占有 5%（山下康雄《領土割讓と國籍、私有財產》（外務省條約局），頁 24）。

　　台灣在 1897 年時，總人口共有 280 萬，遷出者只不過 0.16%。

亞爾薩斯、洛林的一部分住民和讓受國德國的住民是同一民族，反觀台灣的情況，若考慮到日本人對台灣住民而言，是完全不同的異民族時，則台灣遷出者的比率，反而比亞爾薩斯、洛林的情況低得多了，這表示台灣住民在台灣定居的程度已經相當高。

很諷刺的是，台灣住民，一方面違反了自己的意思，被置於日本帝國的統治下；另一方面，又按照自己的意思，丟棄「大清臣民」的地位，選擇了日本的國籍。此後的台灣住民會和台灣總督府發展出怎樣的關係呢？

第二章

初期武官總督時代

第一節　暗中摸索

初期武官總督面面觀

從 1895 到 1919 年為止的 24 年間，是所謂初期武官總督時代，大約占台灣總督府歷史的一半。在這期間，經歷了 7 位總督，在民政方面，協助總督處理公事的民政局長官有 7 人，加上 1 位代理，總共是 8 人。

武官總督制的制定並不是那麼簡單順利的，它是經過一番很大的論爭之後才決定下來。

日本帝國占領台灣那一年的 6 月 13 日，在中央設立了主管台灣的機關——台灣事務局。台灣事務局的幹部如下：

總裁：伊藤博文首相
副總裁：川上操六參謀次長
總務部委員：伊東巳代治內閣書記官長
治民部委員：末松謙澄法制局長官
軍事部委員：山本權兵衛海軍次官、兒玉源太郎陸軍次官
財務部委員：田尻稻次郎大藏次官（即財政次長）
外務部委員：原敬外務次官
交通部委員：田健治郎遞信省（即郵政部）通信局長

根據內閣的提案，當總督的主要
條件是要具有中將或大將軍階的武
官，可是在事務局審議的時候就發生
糾紛了。全體委員皆反對武官制而主
張實行文官制。雖然堅決主張實行武
官制的只有川上副總裁一人，可是最
後伊藤總裁還是裁定採用川上的主張
(春山、若林《日本殖民地主義の政治的展開》，
頁 19)。

↑台灣總督印

　　但是能幹的將官不一定就具有優秀的行政能力。因此，負責一
般行政的民政部門首腦的行政手腕就顯得特別重要。民政部門首腦
的職位名稱，有如下的變遷，可是職責方面幾乎沒什麼改變：

1. 民政局長官　　1895 年 5 月 21 日
2. 民政局長　　　1896 年 4 月　1 日
3. 民政長官　　　1898 年 6 月 20 日
4. 總務長官　　　1919 年 8 月 20 日以後

　　文、武官總督問題的論爭雖然可以說是告一段落，可是在這個
時期，堅決主張文官總督制的原敬，在他 20 多年後組閣的時候，
實現了他的主張。

　　初期武官總督時代，歷任的總督和民政首腦，如頁 66 表 2。

表2：初期武官總督表

任	總督	在職期間	年齡	出身	軍籍（任內晉升）	民政長官	在職期間
1	樺山資紀	1895.5.10	58	鹿兒島	海軍大將	水野　遵 1 2	1895.5.21
2	桂　太郎	1896.6.2	49	山口	陸軍中將	水野　遵 2	留任
3	乃木希典	1896.10.14	47	山口	陸軍中將	水野　遵 2 曾根靜夫 2	留任 1897.7.20
4	兒玉源太郎	1898.2.26	47	山口	陸軍中將（大將）	後藤新平 2 3	1898.3.2
5	佐久間左馬太	1906.4.11	62	山口	陸軍大將	後藤新平 3 祝　辰巳 3 大島久滿次 3 (宮尾舜治) 3 內田嘉吉 3	留任 1906.11.13 1908.5.22 1908.5.30 1910.7.27 1910.8.22
6	安東貞美	1915.4.30	62	長野	陸軍大將	內田嘉吉 3 下村　宏 3	留任 1915.10.20
7	明石元二郎	1918.6.6 1919.10.26	55	福岡	陸軍中將（大將）	下村　宏 3	留任

●「民政長官」欄的數字是表示長官職稱的變化。( )內的名字是指代理長官。

樺山總督

　　第一任總督樺山資紀是 1937 年在鹿兒島出生，幼名橋口覺之
進。琉球官民殺害事件發生的時候，任職熊本鎮台鹿兒島分營長
的樺山，上京去報告整個事件的經過，也因此使他對台灣關心起
來。1874 年的出兵台灣就是樺山的建議，他並且以陸軍少佐（少校）
的軍階隨軍出征。1878 年以陸軍大佐（上校）的軍階擔任近衛師團
參謀長，1881 年又兼任警視總監（首都警察總局長）。1883 年晉升為
陸軍少將，並擔任海軍大輔（次長），其後，改變軍種晉升為海軍中
將，1890 年升任海軍大臣，除役後，擔任了樞密院顧問官。日清
戰爭爆發後，他復歸現役擔任海軍軍令部長（參謀長），活躍於軍中，
1895 年晉升為海軍大將，旋被任命為台灣總督。在當時的明治政
府裡，他是一位台灣問題的最高權威者。

　　樺山的任期是 1 年 1 個月，在這期間，就如前面所述的，是憑
著武力鎮壓台灣。由於當時的行政完全用軍事行動來執行，因此軍
人氣勢衝天，例如「武文官」這個稱謂，如果不唸成「武文官」，
而把它的順序倒過來唸成「文武官」的話，就只有這麼丁點的小事
也會遭到軍人的毆打（杉山靖憲《台灣歷代總督の治績》，頁31）。樺山的時
代，曾設「副總督」的職位，但是設立期間短，又是僅有的例外。
被任命為副總督的乃是在台灣攻防戰中，擔任南進軍司令官的高島
鞆之助陸軍中將。高島和樺山同是薩摩（鹿兒島縣）出身，樺山在第
一次松方正義內閣擔任海相的時候，高島擔任陸相。但是，雖然謂
之副總督，卻沒有實質上的作用，可能是為了讓他的職位與其經歷
能相稱罷了。高島是於 1895 年 8 月被任命的，翌年榮歸日本，補

上新設的拓殖務大臣之職位，而成為台灣總督府的中央主管大臣。
與此同時，副總督的制度也被廢止了。

　　再者，樺山卸下台灣總督之職後，先後歷任了內相（第二次松方正
義內閣）、文相（第二次山縣有朋內閣）之職。

桂、乃木總督

　　第二任的總督桂太郎是於 1896 年 6 月 2 日被任命的，他與那
時的總理大臣兼台灣事務局總裁伊藤博文一起到了台灣，在台北召
開了第一回的「始政紀念日」。

　　桂太郎生於長州（山口縣），跟隨在山縣有朋之下，從軍參加過
鳥羽、伏見的戰爭，打敗德川幕府軍，對明治維新有貢獻。1870
年到德國留學，1885 年晉升陸軍少將，翌年擔任陸軍次官兼軍務
局長。其後，參與了日清戰爭，並晉升陸軍中將。桂太郎一直是山
縣的心腹，而且受到了同是長州出身的前輩伊藤博文的庇護，個性
也極八面玲瓏，具備成為一位政治家的種種條件。

　　從桂太郎開始到 1919 年台灣總督改為文官制為止，台灣總督
一職都是由陸軍獨占其位。

　　桂太郎雖是軍人，在政治方面卻也是很精明的，他擔任台灣總
督才 4 個多月就辭職，也是與中央的政局有關連。伊藤博文辭職之
後，奉命重組內閣的松方正義，有意把位居拓殖務大臣的高島鞆之
助陸軍中將任命為陸軍大臣。德川幕府的末期，薩摩藩分為主流的
討幕派（即主張打倒幕府）和非主流的公武合體派（即主張朝廷與幕府合體）
兩派，從這個時候，松方和高島彼此之間就有討幕同志的關係存
在。然而不滿陸海兩相都被薩摩派控制的山縣有朋與井上馨先發制

↑ 桂太郎

人，要松方承諾「桂陸相」（即讓桂太郎擔任陸相）這件事。因此，桂太郎辭去台灣總督之職，高高興興的上京去了。

可是高島硬是要求就任陸相，山縣派對於「桂陸相」一事也不退讓，故松方一時中斷了組閣的念頭。最後據說是明治天皇出了面，松方才好不容易的組成了內閣。陸相一職還是依照松方當初的意圖讓高島兼任，而慰留桂太郎繼續當台灣總督，可是滿懷怒氣的桂太郎對於慰留之事不屑一顧，一口氣回絕了。桂太郎渴望坐上陸相的金交椅，所以才斷送了台灣總督的職位（前田蓮山《歷代內閣物語》上卷，頁89）。

再者，桂太郎在東京的時間很長，擔任總督時，待在台灣的時間連十天都沒有超過。

第三任總督乃木希典是由在松方內閣擔任拓殖務相兼陸相的高島鞆之助所推薦的。桂太郎想要讓兒玉源太郎來繼任總督，可是連這步棋也失敗了（前揭《吾等の知れる後藤新平伯》，頁288）。乃木不但參加過日清戰爭，而且還於1895年以第二師團長（師長）的身分參加台灣攻略戰，擁有南部台灣守備隊司令官的經歷。乃木生活嚴謹，為人清廉，可是政治方面卻是一竅不通。

無能的水野、曾根民政局長

在樺山、桂、乃木手下擔任第一任民政局長的水野遵，是一位沒有能力的人。他出生於 1850 年，是尾張地方（現在的愛知縣）的武士。最初被任命為接收台灣的「辦理公使」。他的任命比樺山總督還要早，是於交換馬關條約批准書的前天被任命的。這個時候，水野的職位是眾議院書記官長。水野於 1870 年到清國留過學，1874年日本對台灣出兵的時候，加入軍隊擔任通譯官。可能是水野具有這些經歷，所以被認為是與清廷、台灣方面交涉的最適當人選。接著他在樺山的推薦下，於 5 月 21 日被任命為代民政局長。然後於台灣總督官制制定後，成為民政局長官，而再隨著官制的改定成為民政局長。

樺山總督辭職之後，水野仍然在桂太郎和乃木希典兩位總督的手下工作，可是以身為一位民政局長來說，水野實在太無能了。於是，拓殖務省為了想換掉他，把他升為拓殖務省次官（次長）。乃木總督知道這件事後，上東京去反對此事，他認為要把一位連當民政局長都無法勝任的水野，升為監督總督府的拓殖務省次官，實在是令人難以信服。

於是，拓殖務省打算讓管轄北海道的北部局長曾根靜夫來繼任民政局長的職位。可是曾根表示，只要是那位以揭發貪官汙吏而出名的台灣高等法院院長高野孟矩在台灣一天，他就不願意到台灣任職，而拒絕了拓殖務省的調職徵詢。曾根曾經擔任過大藏省國債局的局長，拓殖務大臣高島鞆之助仍然一心一意地期望曾根，能

↑ 水野遵

夠重建處於困難中的台灣總督府財政問題，故採納了水野的建議，決定把高野免職 (前田蓮山《政變物語》，文成社，頁 322)。

不過曾根雖然走馬上任了，卻毫無威信可言，對部屬的領導技巧並不高明。因此，中央方面考慮把曾根換下來，改派內務省的衛生局長後藤新平來擔任乃木總督的民政局長，後藤也願意接受此任命，可是在這之前，乃木本人由於高野事件而對總督一職頗感倦怠厭煩，遂於赴任 1 年又 4 個多月後提出辭呈，所以後藤新平接任民政局長一事也就不了了之了。

鎮壓抵抗運動

樺山總督把台灣民主國消滅後，雖然於 1895 年 11 月 18 日向日本帝國大本營報告說已把台灣全島平定了，可是在台灣的武裝抗日運動卻不曾停止過。12 月在台灣北部的林大北、林季成等發動抗日，包圍了宜蘭，而且襲擊了頂雙溪和瑞芳的日本守備軍。此事件之後，在日本軍的報復行動中被殺戮的人達 2,831 人 (台灣經世新報社《台灣大年表》，頁 17 以後)。

此外，從 12 月到翌年 (1896 年) 的元旦之間，詹振、陳秋菊、胡阿錦、簡大獅等人曾經嘗試奪回台北城。當時，台灣全島處於騷動狀態，從日本本土來的第二師團補充兵與混成第七旅團，被派遣為鎮壓部隊的援軍，殺了數千名的抗日游擊隊員，好不容易才鎮壓了抗日活動 (杉山《台灣歷代總督的治績》，頁 98)。因為發生了上述事件，為了日清戰爭而開設的日本帝國大本營，必須等到 4 月才關閉。

這一年的後半年在中南部各地也發生了騷亂，簡義 (簡精華) 於 6 月襲擊鹿港截斷南北的交通，詹振於 10 月襲擊台北近郊的錫口 (松

山）和南港。到了 11 月，鄭吉生在鳳山，柯鐵在雲林蜂起抗日，此時的台灣可說是無安寧之日。

隔年 (1897 年) 的 4 月，為因應南部的潮州、東港附近的居民群起抗日，斷絕了交通，台灣總督府派軍艦海門號於東港巡迴。不僅限於南部地區，這個月在台灣各地也都掀起抗日風潮。4 月除外的話，此年在台灣各地揭竿而起的抗日活動共有 13 件之多，尤其是 5 月在台北及三張犁所發生的抗日事件中，抗日游擊隊員死了 250 人。

由於台灣正處於如此混亂狀態，說樺山、桂、乃木三位總督所領導下的總督府，天天在鎮壓抗日游擊隊的日子中度過也不為過。

台灣總督府除了為這塊日本最初的殖民地感到頭痛外，總督府本身的行政機能也是問題重重。上面下達的指令未必能無誤地交代下去，官和兵所持有的法律基準也不一致，政令一下達，時常出現弊端，朝令夕改更加速了這種情形。譬如乃木所建議的「三段警備」就是一個例子。

1897 年，當時台灣的警備部隊，除了在「平定」抗日活動以後，一直都駐屯在台灣的三個聯隊約 1 萬 1 千人以外，還有憲兵 4,039 人、警官 3,350 人駐紮在台灣。不論哪一個單位都在行使警察的權力，甚至有人憑藉著地位也行使著司法處分權，因此政令百出，台灣住民不知道要以哪一個機關所下達的政令為基準。而且警察單位與軍隊不合，兩個部門時常發生衝突。

所以，乃木總督為了調和軍、憲、警之間的衝突，而把台灣各區域分為三種類：

一等地危險地區：社會狀態、人心最不穩定的山間地區，變成

游擊隊根據地的地方，由軍隊和憲兵負責防備。

　　二等地不穩定地區：抵抗較少的區域，由憲兵和警察共同防備此區域。

　　三等地安全地區：指民情安定的村落和城市，此區域委任警察單位負責。

　　其實這種警備責任的分配，並不是專門在反游擊的對策上作考慮的，統治者的權力分配也是其中之要素。

　　「三段警備」是從 1897 年 6 月 26 日開始實施，1898 年 2 月更換了總督，繼任者兒玉總督於 6 月 20 日就撤廢了「三段警備」。撤廢的原因，正與乃木總督實施「三段警備」的原因一樣，說是要避免命令不統一以及軍警間相互的傾軋。

　　關於消滅抗日游擊隊一事，乃木總督採納了宜蘭警察署長的提案，也就是所謂的「土匪招降策」。實施的結果，北部的林大北一眾共 879 人於 1896 年 11 月投降，雲林的簡義等一干人也於同年 12 月投降了。但是投降者的人數只占了抗日游擊隊的極少部分，游擊隊仍舊在台灣各地展開抗日活動。

高野孟矩事件

　　領台之初的總督府官吏非常腐敗（《台灣統治史》，南國出版會，頁 50），猛然對抗此腐敗者，乃是台灣高等法院院長兼民政局法務部長高野孟矩。

　　因苦學而當上法官的高野是一位硬漢，司法大臣芳川顯正曾看上了高野的才能，想把女兒嫁給他，可是卻被他拒絕了。

　　根據 1896 年 4 月所頒布的台灣總督府法院條例，台灣的法院

是實施高等法院、覆審法院和地方法院三審級制度，高野是高等法院的院長。他毫不留情地把台灣官界裡的貪官汙吏一一揭發出來，高級官員被逮捕了十數名，甚至家宅被搜查的特任官（即日本一、二等高等官之舊稱，也就是所謂的「敕任官」）也大有人在，並且傳聞上京中的水野民政局長也被逮捕了（事實上，沒有這回事）。

1897 年 6 月，乃木總督上東京和中央當局議處台灣的官界紀律刷新問題，除了把水野民政局長免職之外，財務部長山口宗義、學務部長伊澤修二也以「非職」（留官停職）處分，稍後，通信部長土居通豫也辭職了。可是令人百思不得其解的，揭發貪官汙吏的高野卻被台灣總督解除了法務部長之兼職。

在那之後，高野被召上京，松方首相勸他辭掉他的主要職務：高等法院院長一職，由於高野拒絕了勸告而被以「非職」處分。高野以日本憲法第 58 條第 2 項規定，司法官的升遷進退都有明文保障為由，認為「非職」處分乃是不當之舉，把「非職」辭令書退了回去，他本人則回到台灣向總督府提出歸任書，表示他已銷假回來了。

高野的「非職」處分乃是發端於揭發貪官汙吏，而乃木總督本來也是以「刷新台政」做施政方針的。但是這一下子，乃木卻以「足下乃是非職處分者，毋須再服勤務」為由，將歸任書駁回高野處。雖然事情已到此地步，高野還是要到高等法院上班，因此總督府派警察把高野逐出法院，結果高野終究是退出了法院，於 11 月 4 日離開台灣。支持高野行動的台北地方法院院長山田藤三郎、判事（裁判官）加藤金三郎，與新竹地方法院院長戶口茂里亦隨高野之後辭職了。

　　高野事件顯示出乃木總督的政治無能及欠缺行政上的一貫性，乃木總督也於翌年(1898年)2月辭了總督一職。由此事件所顯露出的法官身分保障問題，導致了有關「在台灣是否適用日本帝國憲法」的論爭。

　　高野認為松方內閣所發布的非職及免官辭令是不合法的，但是1899年7月東京地方法院打回了他的身分保全訴訟，高野就此被判敗訴(《警察沿革誌》第二篇下卷，頁13)。

　　高野事件以後，1898年台灣的法院改為覆審法院和地方法院的二審級制。之後，於1919年再回復到三審級制度。即高等法院和地方法院之外，高等法院又分為覆審部和上告部(終審)，全體來說仍是三審級的制度。其後雖然有若干修正，可是這個制度一直持續到總督府的末日為止。

第二節　兒玉總督和後藤新平

兒玉、後藤的搭檔

　　松方正義內閣垮臺後，第三次伊藤博文內閣隨之成立，桂太郎遂得其願，以陸相的身分入閣。桂太郎推薦兒玉源太郎繼任台灣總督，兒玉和伊藤總理一向走得很近，他被起用為總督可說是極其自然的事。兒玉從1892年開始任陸軍次官，1895年曾一度兼任過台灣事務局的委員，所以不能說與台灣全然無關係。兒玉於1896年

兒玉源太郎

晉升為陸軍中將，1898 年遞補為第三師團長，同年免除了上項職務而就任台灣總督。

　　兒玉一方面任總督之職，一方面也在中央身兼數職。從 1900 年起到 1902 年 3 月為止，曾歷任伊藤博文、桂太郎兩內閣的陸相。1903 年 7 月，繼沒有完成行政整理的內海忠勝內相之後，擔任了內相。同月，因貪汙事件而被追究責任的菊池大麓文相下臺，兒玉又兼任了文相。同年 9 月，被解除文相的兼職，10 月，為了就任參謀部次長又卸除了內相之職。1904 年，日俄戰爭爆發之時，任大本營參謀次長兼兵站（後勤）總監之職，同年晉升為陸軍大將，並以滿洲軍總參謀長之身分出征。1905 年，擔任遼東守備軍司令官代理，復員以後，擔任參謀本部次長代理。1906 年，被任令為參謀總長之後，才卸下了台灣總督之職。

　　如上所述，雖然兒玉擔任台灣總督的期間很長，可是最初的二年姑且不論，光說他在中央的兼職及出征時間，就可知其在台灣的時間是很短的。如此一來，對於統治台灣的職務就得大大依靠民政局長後藤新平了。

　　後藤新平藉著改制而從民政局長改任民政長官，他出生於岩手縣，昔時一面做家僕，一面苦學而當上了醫生，然後到德國留學，學成歸國後，出任了內務省衛生局長。在衛生局長的任內因管閑事，而捲入一位望族的繼承問題，涉嫌犯法被收監入獄，1894 年 5 月，日清戰爭爆發前的數個月，被保釋出獄，12 月被判無罪。

　　1895 年 4 月，被任命為臨時陸軍檢疫部事務官長，實施近 20
萬官兵的檢疫工作，制止了遠征軍所帶回來的疫病在日本國內蔓延
的危險，此時的檢疫部長就是兒玉源太郎。同年，後藤又恢復了衛
生局長的職位，而且提出了「關於台灣鴉片制度的意見」，由於他
的意見被賞識，而於 1896 年 4 月被任命為台灣總督府衛生顧問。
第二任總督桂太郎新設立了台灣衛生院，想委任後藤主持，可是卻
因此舉會侵犯民政局長的權限而未得實現。1897 年，由於乃木總
督治理下的台灣，政治紊亂，人才難得，所以，同年末在大磯群鶴
樓靜養的桂太郎和來訪的伊藤博文、陸奧宗光、西鄉從道等決定把
後藤配派給乃木。當時的後藤只不過是個無關緊要的衛生局長，可
是他卻受到國家元老的矚目賞識（宿利重一《兒玉源太郎》，頁 317）。

後藤新平

　　翌年，第三次伊藤博文
內閣開始運籌，伊藤首相曾
勸誘後藤出任乃木總督治下
的民政局長，可是由於乃木
總督的辭呈照准，結果後藤
並不是在乃木的手下任職，
而變成在兒玉新總督的手下
任民政局長。

　　於是，後藤在 1898 年
3 月前往台灣赴任，那時的
後藤 42 歲。同年 6 月 20 日，
「民政局長」改稱「民政長
官」，1906 年 4 月，總督

改由佐久間左馬太擔任，後藤也在佐久間總督手下任職了半年的時間。但是後藤在 8 年又 8 個月的任期中，大部分的時間都是在兒玉總督手下任職的。由於後藤在任期中有很多業績，所以一般對於這個時期總是稱為「兒玉、後藤時代」。

兒玉辭了總督之後 3 個月，就以 55 歲之齡去世。

後藤辭了民政長官一職之後，曾歷任滿鐵（南滿洲鐵道株式會社）總裁、遞相（管轄郵政、電話、電信的大臣，第二次及第三次桂太郎內閣）、鐵道院總裁、內相、外相（皆於寺內正毅內閣）、東京市長、內相（山本權兵衛內閣）等職，於 1929 年以 73 歲之齡去世。

鴉片漸禁政策

後藤的最大功績是大大改善了台灣的衛生環境，而受一般注目的乃是他的鴉片政策。清國由於鴉片的毒害，導致了人民的體弱化而被稱之為「東亞病夫」，在清國統治下的台灣也不例外，1895 年時，光是鴉片的輸入稅就已達到 1 年 80 萬日圓。

由於在日本本國鴉片是嚴禁的物品，所以有人認為在台灣也應該嚴禁才對。

另一方面，有一部分人為了治安上的理由而反對嚴禁論。謂「如果嚴禁台灣本土人民吸食鴉片煙，則將與民情相悖，對日本帝國的順服也將有妨害，最後羣寇蜂起之況將不可免，如果一定要嚴禁的話，就必須時常有二師團以上的兵駐守台灣，在混亂之中，勢必犧牲數千人的性命，即使用兵力加以威壓，也不能達成目標」。

這個主張是在內務省衛生局長後藤新平的「關於台灣鴉片制度的意見」一文裡被提起，在這個意見書裡，後藤認為「鴉片漸禁

策」，乃是一方面能夠避免因鴉片癮者的反感而產生之政治不安；另一方面由於科鴉片稅，得以增加稅收。這個政策成為乃木總督時代「台灣鴉片令」(明治 30 年律令第二號)的底案。

考慮到吸食鴉片所帶來的毒害時，對於鴉片癮者的根除工作，應該是比任何建設工作都還要優先實行才對。可是，事實卻不然，台灣總督府到 1943 年為止，儘管把台灣鴉片令更改了 5 次，然而卻都是採用漸禁政策。台灣總督府在 1944 年 9 月終於中止了鴉片的製造，但是鴉片專賣的終止，等到第二次世界大戰結束的兩個月前──1945 年 6 月 17 日，也就是在日本統治台灣 50 週年紀念日時才實現(台灣總督府《台灣統治概要》，頁 464)。

從台灣總督府 50 年歷史的理解上來看，自始至終所施行的漸禁政策，是按照台灣總督府衛生顧問後藤所策畫的行政軌道而行，因此可以說是後藤的施政記錄之一。

我們再回頭看看後藤所採用的漸禁政策，可知此舉乃是有利用鴉片來彌補不健全的台灣總督府財政破洞之嫌。順帶一提，在兒玉、後藤時代的台灣總督府，其鴉片的收入從最初年度的 164 萬日圓開始，甚至也有達到年收 443 萬餘日圓的年度，占了經常歲收的 15 至 30%。

再者，從鴉片癮者占台灣人口的比率數目來看，自從實施漸禁政策後，吸食者的比率反而增加了。這或許是偷吸食的癮者，由於難以取得鴉片而申請吸食特許，所以才會有增多的情形，可是想必不僅此因而已。台灣鴉片令的罰則雖很嚴，但那是專門針對持有吸食特許證的有關規定，這是一個很明顯的事實。台灣總督府將依靠鴉片的專賣來增加收入一事擺在第一優先，雖然有很多人稱讚後藤

很努力地改善台灣的鴉片禍害，可是對於這個觀點有重新批判的
必要。

建立統治基礎

後藤為了要有輝煌的統治實績，採用了幾個措施。那就是一連
串的調查事業和產業、交通的整備。毛澤東說過「沒有經過調查就
沒有發言的權利」，後藤新平在這方面可說是毛澤東的前輩。

日本帝國統治台灣一事，對日本人來說是統治異民族，對異民
族的習慣和社會制度都不了解的話，就不能有效的統治。而在日本
的法令制度導入台灣時，絕無法避免大的摩擦，所以有必要去熟習
台灣的舊習慣。因此在 1901 年，成立了臨時台灣舊慣調查會，根
據此會的規則，會長是由民政長官兼任。這是在後藤任民政長官一
職的前提下所定的規則，後任的民政長官也都依循前例兼任會長。
根據明治 31 年 (1898 年) 律令第八號，日本本國民法、商法、刑法
及其附屬法雖然在台灣施行，可是那些法律只限於與日本本國人有
關連的情形下使用，關於純粹屬於台灣人和清國人的行為並不適用
此法，而都是依照從來的慣行作處斷的，所以有必要研究台灣的種
種習慣行為。

舊慣調查的施行，雖然是為了政治上的目的，可是，在調查一
事上，兒玉和後藤允許學者以學術的態度作觀察，所以能夠請到京
都帝國大學教授岡松參太郎和織田萬來負責調查工作，留給了後世
浩瀚的研究成果。列舉於下的各個研究成果可說是後無來者，這方
面的研究還沒有見到可與之匹敵的成就：

《臨時台灣舊慣調查會第一部調查第一回報告》

全三冊(1903年)

同前，《第二回報告書》　　　全四冊 (1906-1907年)

《臨時台灣舊慣調查會第二部調查經濟資料調查報告》

全二冊(1905年)

《台灣私法》　　　　　　　全十三冊 (1910年)

《清國行政法》　　　　　　全七冊 (1910-1914年)

雖然這可說是政治引導的成果，可是這些有關台灣風俗習慣的研究整理，除了對轉型期文化樣態的研究提供了很好的基本資料，也是可供留傳的台灣文化遺產。此外，這些資料也成為台灣法制研究和清國法制研究很好的入門參考書，對日本的「中國學研究」(Sinology) 進展有很大的貢獻。

建設交通網

交通是產業的動脈，就以這個定義來說，後藤所實施的道路修築、鐵道建設、築港事業都是深具意義的。

台灣在劉銘傳時代，雖然修築了從基隆到新竹的一百公里鐵道，而且還有安平、高雄、淡水、基隆等良港，可是由於鐵道的鋪設技術並不純熟，港灣也不適於大型船隻的停泊，故日本領有台灣後，馬上就有增建改築的研議，把此研議付諸實行的就是後藤新平。後藤在籌設資金方面，著眼於發行台灣事業公債，他先建立縱貫鐵道官設計畫，然後以 2,880 萬日圓的公債做為建設資金。從1899 年開始動工，北部僅限於改良清國時代就有的線路，新竹以

南到三叉（今三義）為止的線路於 1904 年初竣工。另一方面，以高
雄作起點向北發展開通的鐵道也於同時抵達斗南。在南北縱貫線尚
未接通的時候，由於日俄戰爭時的需要，遂以臨時新線接通中間部
分。縱貫線到了 1908 年 4 月才正式接通，貫穿台灣南北的縱貫線
之建設，無論在經濟面或社會面都有很大的意義。特別是和後面將
要談到的道路整備，這兩項建設使得台灣居民之間更容易交流，村
規模的視野和意識更向廣大的地域展開，最後助成了台灣全土的台
灣人認同觀念的形成。這雖然不是台灣總督府所意圖的事，可是在
業績上來講卻也是不容忽略的事實。

建築基隆港的工事對後藤來講，可說是一項繼承前人的事業，
他自己雖然也有很遠大的計畫，可是卻被預算所阻，只能進行到第
二階段的工程。但是道路的路面拓寬及路線的延長卻有很可觀的成
績。他在 1906 年辭掉民政長官的時候，路面寬度在 1.82 公尺以上
的道路比 1899 年時多了三倍，且路線的總長達到了 6,388 公里。
其中路面寬度在 7.27 公尺以上的道路也增加了一倍。這些都是動
員了後面將要提到的保甲人員的成果。

振興製糖業

在產業方面，將製糖提昇為近代化的工業生產，並且振興水力
發電事業，此外，礦業也有顯著的進展。

從荷蘭時代開始，台灣就以產糖而名聞遐邇，清國統治末期，
糖生產量是三萬至五萬噸。但當時的工場是以牛作動力的石臼式舊
式糖廍，糖產種類大部分為黑糖，而且品質不均勻。兒玉總督採用
殖產課囑託（臨時專員）山田熙的建議，計畫將製糖工廠現代化，而

且還任命新渡戶稻造為殖產局長，並從事蔗種的改良。不過兒玉和後藤所採用的政策只是在充裕本國資本罷了。明治 35 年（1902 年）律令第五號所規定的「台灣糖業獎勵規則」內容如下：

第一條　對於甘蔗的耕作者或是從事砂糖製造者，經台灣
　　　　總督所認可的，發給如下所列費用之獎勵金：
　　　　一、蔗苗費及肥料費
　　　　二、開墾費
　　　　三、灌溉費或排水費
　　　　四、製糖機械器具費
第二條　以台灣總督所訂定的原料數量而從事砂糖製造者
　　　　可得到補助金。
第三條　對於開墾官有地而從事甘蔗耕作者，毋須繳交土
　　　　地租金，待耕作成功後將免費付與其業主權。

如此的規定，可真是做到了對從事糖業者無微不至的保護。早在 1900 年的時候，就已經由元老井上馨、三井的益田孝、糖商鈴木藤三郎三方面共同出資，創立了台灣製糖株式會社（股份有限公司），這在當時的日本是列屬於資本金一百萬日圓的超級大公司。接著新興製糖（1903 年創立，資本金 24 萬日圓）、塩水港製糖（1904 年，30 萬日圓）、明治製糖（1906 年，500 萬日圓）、大日本製糖（1907 年，2700 萬日圓）、帝國製糖（1910 年，500 萬日圓）等等相繼創立（宿利重一《兒玉源太郎》，頁 370）。

由此可見，日本本國財閥的資本如雪崩似地傾注台灣，台灣人的資本也投資於設立新式的製糖公司，而這些台灣的民族資本，也

在不知不覺中，被日本本國的資本所合併，台灣本地舊有的糖廍只有步入衰退一途了。還有就是強制收購台灣人耕種的土地，或是以「官有地」的名目獨占土地，這些都是引起不斷爭議的根源。有一位日本實業家愛久澤直哉，他就是利用彰化廳長小松吉久，把他治理下的土地約 3000 甲，一夜之間就全部買了下來。

台灣的製糖業從 1902 年的產量 3 萬噸，增加到兒玉、後藤時代末期的 6 萬噸，1937 年時，突破了 100 萬噸，第二次大戰時，甚至達到了 160 萬噸的最高生產量。這些都是擴張耕作面積、改良蔗田，以及新式工廠的提高技術之成果，雖然後藤的功績也不可抹滅，但是台灣人享受了些什麼呢？充其量不過就是當個製糖公司的下級職員，或是從事蔗作而已。

除此之外，兒玉、後藤時代的台灣總督府，在農林牧畜的增產上也投入了不少力量，還有在礦脈的探查上也下了一番工夫，所以在礦產方面也有輝煌的成果。從 1897 年時的 13,000 日圓礦產，到了 1905 年，增加到 244 萬日圓。此外，更於 1900 年統一度量衡，1905 年建設了第一座發電所，供給台北市街所需之電氣（電力）。像這樣的振興工業，當然也相對增加了台灣總督府的稅收。

財政獨立的實況

台灣由於與日本本國相距遙遠，為了在緊急狀況發生時經濟上能保持獨立，所以日本本國政府於 1897 年制定了台灣銀行法，並從同年起對台灣實行了特別會計制度。台灣總督府的財政預算，是獨立於中央政府財政預算之外的（但是台灣總督府的財政預算，需要取得日本帝國議會的協贊，見本書頁 128)。

↑ 1897 年台灣銀行發行的拾圓、伍圓券

表 3：台灣財政一覽表

年度	收入	公債	國庫補助	累計
1896 年	2,710,000	—	6,940,275	9,650,275
1897 年	5,320,000	—	5,959,048	11,279,123
1898 年	8,250,000	—	3,984,540	12,234,540
1899 年	11,750,000	3,200,000	3,000,000	17,950,000
1900 年	14,900,000	5,500,000	2,598,611	22,998,611
1901 年	13,800,000	4,864,382	2,386,689	21,051,071
1902 年	19,497,579	4,740,000	2,459,763	26,697,342
1903 年	20,037,532	4,068,751	2,459,763	26,560,047
1904 年	22,333,115	3,500,000	700,000	26,533,047
1905 年	25,199,149	215,994	—	25,414,145
1906 年	30,692,173	—	—	30,692,173

　　台灣銀行擁有獨立的紙幣發行權，而且還代行日本國庫業務。銀行本身的組織如同一個株式會社，除了由中央政府及皇室出資以外，其他五分之四的股份是從民間公募來的，此政策從 1900 年開始實施。

　　對於台灣的特別會計，中央政府預定以每年漸減的方式提供補助金，一直到 1908 年為止。補助金總額，上限為 3000 萬日圓。但是到了 1904 年，台灣僅耗費了 2,424 萬日圓，台灣總督府就認為不再需要中央政府的補助。從翌年（1905 年）開始，台灣的財政在沒有補助金的情況下也能自力更生了。

　　那麼台灣的財政獨立是如何達成的呢？我們試看台灣總督府在 1906 年的歲收，此年的歲收是 3,069 萬 2,173 日圓，在這總額裡，經常收入是 2,565 萬 6,672 日圓。經常收入中，地租（即土地稅）是 298 萬 3,551 日圓（11.6%），砂糖消費稅是 239 萬 9,987 日圓（9.4%），鴉片專賣收入是 443 萬 3,862 日圓（17.3%），食鹽、樟腦、香菸專賣收入是 862 萬 1,307 日圓（33.6%）。

　　僅僅是以上的項目就占了經常收入的 71.9%。兒玉、後藤體制下的台灣總督府，藉著鴉片等等的專賣制度從台灣人身上吸取了大量的錢財。其後，雖然廢止了對製糖業者徵收製糖稅，提高了業者的利潤，但是卻從占台灣人比率大多數的一般民眾中，徵收新設立的砂糖消費稅，以增加財政收入。

　　在此不能不談到地租之事，台灣土地所有權的型態很複雜，以開墾的方式而得到土地所有權者稱之為大租戶（墾首），從大租戶處得到耕作權者稱之為小租戶（墾戶）。然後時常會有一些小租戶把土地又租賃給佃戶。

後藤於 1898 年創設了臨時台灣土地調查局並自任為局長,測量全島土地後,他發現了很多未登記的土地──隱田。測量前被認為只有 36 萬餘甲的土地,測量後,實際上卻有 63 萬餘甲的土地(鶴見祐輔《後藤新平》台灣統治篇上卷,頁 275)。

完成了土地調查之後,總督府收購大租權,而把土地所有權都集中在小租戶,並且把收購大租權的費用加之於地租上,課取小租戶的稅金。如此,總督府的稅租收入不只加倍,而是增加了三倍多。雖然總督府在一時之間付出了大租權的收購費,可是比較起來,地租卻可以成為經常的收入金。更何況收購費都已經轉嫁在地租上了!

後藤的行政特徵是想法大膽特異,再加上有實行的魄力,並且叫他的心腹設定致密的計畫,然後很放心地給與那些心腹十足的權

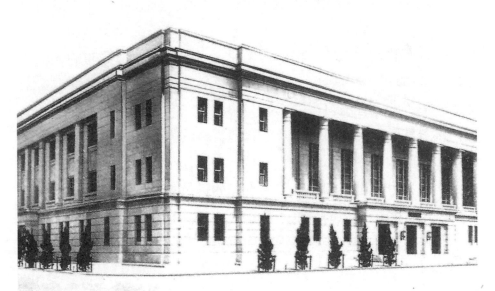

↑ 改建後的台灣銀行

限去執行。除此之外，如指使台灣人作義務勞動，以及課徵雜多的稅金，以潤富日本本國政府和企業家等等，都可視為後藤別具一格的行政才能吧！

抗日游擊隊的對策

乃木總督極感棘手的台灣人抗日游擊隊問題，到了兒玉、後藤時代也絲毫未見改善。後藤曾坦白說，從他 1898 年開始赴任以來，到 1902 年為止的 5 年間，總督府所殺害的「叛徒」總共是 11,950 人（後藤新平著，中村哲解題《日本殖民政策一斑》，頁 64）。日本從領有台灣開始到 1902 年為止的 8 年間，就只憑日本政府一方的統計顯示，台灣人被殺戮的人數就已達 32,000 人，這個數目超過了台灣人口的百分之一。特別是兒玉與後藤搭檔時期所殺害的台灣人總數，和初期台灣攻防戰時所殺害的人數，足以相匹敵，這是不能不注意的一項事實。

殺害台灣人的法律，根據的是兒玉、後藤時代所發布的「匪徒刑罰令」（明治 31 年律令第二十四號），此嚴苛之法令不僅以本刑課處未遂犯（第三條），並且還有溯及既往之規定。

日本當局對反抗日本軍及台灣總督府的人所作的報復行為，造成了數目龐大的台灣人被殺。抵抗者在無任何外援的情況下，面對有著旭日東升之勢的日本帝國，他們的抵抗運動隨著時光的流逝而消聲匿跡，乃是必然的結果。

游擊隊和民眾的關係可說是如魚與水的關係，有民眾的支持，游擊隊才能強大。可是經過長期激烈的抵抗，不但造成社會的混亂，而且也產生民不聊生、擾民疲民的弊端。因此，游擊隊的存在

基礎也必然會崩潰。從 1896 年 11 月的投降者身上，可看出台灣
總督府為了招降反抗者費盡了心思。對投降者除了免罪及給與就業
機會外，還提供事業資金等等優厚的待遇。兒玉、後藤也採取了
此種招降策略，結果到 1902 年為止，抗日勢力有顯著的衰弱，此
年被認為是日本政府確立對台灣統治的一年（許世楷《日本統治下の台灣
──抵抗と彈壓》，頁 153）。

　　可是，在與言語不通、風俗習慣都不同的異民族進行交涉中，
悲喜劇的發生是一定免不了的。在總督府方面，以蒐集抗日運動者
的資料為目的，集合投降者舉行「歸順式」，並攝影留念。由於總
督府對於投降者有發放「幫助就業」的獎金，所以在參加「歸順式」
的抗日運動者當中，有人認為是總督府向他們投降了，否則為什麼
向他們奉獻金錢？

　　相反的，由於有些投降者「歸順」以後又從事抗日游擊工作，
所以總督府方面產生了疑神疑鬼的心態，藉著「歸順式」之名而大
舉屠殺投降者的例子也曾經發生過。例如，1902 年，張大猷等人
參加「歸順式」的時候，日本警察違反約定，欲把歸順者五花大綁，
游擊隊員見狀而反抗，結果當場被日本警察殺了 78 人（《警察沿革誌》
第二篇上卷，頁 452）。

　　兒玉、後藤執政時期所沿用的治安對策，乃延續清國統治時
代惡名昭彰的保甲制度，這個制度一直被使用到總督府即將末日
之時。

　　所謂的保甲制度是以 10 戶為一甲，10 甲為一保，且「保及甲
的人民有各連坐的責任，連坐者並得以科處罰金」（明治 31 年律令第
二一號「保甲條例」第二條）。根據這個規定，例如在 1901 年的樸仔腳支

廳襲擊事件中，保甲的老百姓們，就被依連坐法科處怠縱罰金1,400日圓。1907年的北埔支廳襲擊事件中，37名的保甲民也被科處2,420日圓的怠縱罰金（鷲巢敦哉《台灣保甲皇民化讀本》，頁141）。那個時候，農夫臨時工一天的薪金才18錢到35錢而已（1日圓是100錢）。

　　戶口調查也是後藤的治績中被讚揚的一項，1903年，本來決

匪徒刑罰令

第一條　不問何等目的，只要是糾衆集黟而以暴行或脅迫之手段達成目的者，皆構成匪徒之罪狀，依據下列之區別而處以刑罰。

一、首魁及教唆者處以死刑。

二、參與謀議者或是身任指揮者處以死刑。

三、附和隨從者或者爲雜没者處以有期徒刑或重懲没。

第二條　前條第三號所記載的匪徒，如果有下列行爲者處以死刑。

一、反抗官吏或是軍隊。

二、放火燒燬或是毀壞建築物、火車、船舶、橋樑等者。

三、放火燒燬山林田野的竹木穀麥，或是堆積在外的柴草及其他物品者。

四、毀壞鐵道或其標識、燈塔或浮標而致使火車船舶的往來產生危險者。

定要在日本本國實施國勢調查，可是卻因日俄戰爭的爆發而未實行。台灣總督府於同年開始進行調查準備工作，1905年實施了「第一回臨時戶口調查」，這是為了把握居民的實際狀態所作的調查，可說是一項保安措施。其後於1913年，實施第二回的臨時調查，1920年，台灣與日本本土同時舉行第一回國勢調查，之後每五年

　　　　　　五、毀壞郵便、電信及電話等用途的物件，或是以其他方法造成交通上的妨害者。

　　　　　　六、殺傷人或是強姦婦女者。

　　　　　　七、擄人掠財者。

第三條　觸犯前條罪狀的未遂犯仍科處以本刑。

第四條　資助兵器彈藥船舶金穀等或其他物件予匪徒者，或是提供其會合的場所，或是以其他行為幫助匪徒，一律處以死刑或無期徒刑。

第五條　藏匿匪徒，或是供其隱避所，或是企圖替匪徒脫罪者，處以有期徒刑或是重懲役。

第六條　觸犯本令的罪犯，如果向官府自首者，將依其情況減輕徒刑，或是全免刑罰。免刑者將附帶五年以下的觀護條件。

第七條　觸犯本令所定之罪者，即使是在本令實施前所犯者，仍依本令處刑。

都實行一次國勢調查。

後藤留下的許多行政軌跡，可說好壞都有，日本統治台灣的50年間，後藤可說是給與台灣最大影響的人吧！

第三節　鎮壓和建設

佐久間總督

1913年，兒玉總督從內相轉任參謀次長時，曾推薦後藤新平繼任總督之位。為此，甚至試圖修改總督職位必須由大將或中將擔任的條文規定。由此可見，後藤受到何等高的評價。可是後藤堅持不願繼任總督的職位，因此，兒玉不得不繼續兼任台灣總督之職。

爾後，等到兒玉升任了日本全軍的參謀總長時，才推舉佐久間為台灣總督的繼任者。

第5任總督佐久間左馬太生於1844年，是長州藩武士的次男。幼名岡村直矩，14歲的時候，做了比他少4歲的毛利藩武士佐久間竹之

↑ 佐久間左馬太

烝家的養子。兩個月之後，病弱的竹之烝去世，他就繼承了家業。
1872 年當了陸軍大尉（上尉），1874 年日本出兵台灣時，佐久間官
拜中佐（中校），並以「台灣蕃地事務都督參謀」的名義參加台灣遠
征軍。1886 年升任陸軍中將，1888 年任第二師師團長（即師長），
日清戰爭後任近衛師團長，同年晉升為大將。1902 年被命休職，
日俄戰爭時又復職就任東京衛戌總督，並兼任留守近衛師團長代
理，1906 年被任命為台灣總督。

佐久間總督繼續留用後藤新平擔任民政長官，可是 7 個月之
後，也就是 1906 年 11 月，後藤為了協助參謀總長兒玉源太郎具
體地實現其滿洲政策，辭掉了民政長官之職，赴滿洲就任滿鐵總
裁。可是，後藤對台灣殖民地有著強烈的執念，自動自發地提案，
挾敕令設置「台灣總督府顧問」一職，並自任其職。

在軍歷上，佐久間是兒玉的前輩，而且在叫兒玉的名字時，根
本不加敬稱，而是直呼「源太」其名，所以對於設立「參與聽取島
內政務大綱」的顧問一職，佐久間認為：「源太當總督的時候，沒
啥仔所謂顧問的，為什麼本將軍當總督的時候，要特別設立顧問一
職，這到底是搞啥名堂。」一氣之下欲掛冠而去，可是在總督府敕
任級的長老長谷川謹介，和後來的民政長官祝辰巳等人的協調緩衝
之下，好不容易才說服佐久間容納設立顧問一職（《佐久間左馬太》，頁
822），但是過不了兩年，顧問制度就被廢止了。

民政長官頻頻更換

佐久間之下的第二任民政長官祝辰巳乃是後藤所推薦的，在任
命的過程，佐久間毫無所聞。祝辰巳為台灣總督府長久以來的老幹

部，他從 1896 年即擔任總督府關稅課長，其後，再升任為財務局長、專賣局長、殖產局長兼臨時台灣糖務局長，乃是後藤派的幹部。從後藤的一生來看，他癖好提拔他的直屬部下來繼任他的職位。從民政長官的後繼一事為開端，之後於滿鐵總裁時代，提拔當時的副總裁中村是公繼他之後就任總裁；內相時代提拔當時的次官水野鍊太郎繼任為內相；東京市長時代成功的推舉了當時的助役（副市長）永田秀次郎繼任為市長。

祝辰巳十足具備了當民政長官的資格，可是在人才濟濟的後藤派裡，為了要當上民政長官，就必須能壓倒群雄才能脫穎而出，可見其職必非輕鬆愉快的。祝辰巳於 1908 年得病身亡，死後沒有遺留下什麼財產。根據風評，其遺族的生活就像秋風落葉般一無所有，慘不忍睹，由此可見，祝辰巳或許是一位相當廉潔的官吏吧！

祝辰巳死後，後藤派和總督府裡最老資格的高級官僚警視總長大島，互相爭奪民政長官的職位，當時正值後藤在蘇俄旅行而未能干涉此事，所以佐久間總督用大島為民政長官。採用理由，除了大島是敕任級老幹部之外，也有酬勞大島任職警視總長的時候，對殲滅游擊隊所建立的功勳之意。人事決定之後，據說後藤非常的不高興（《佐久間左馬太》，頁 823）。

1908 年就任佐久間總督第三任民政長官的大島久滿次，於 1865 年生於尾張（愛知縣），1888 年畢業於東京帝大英法學科，之後任眾議院書記官，1897 年左右，轉職於台灣總督府。他曾經被後藤新平重用過，可是卻不是屬於後藤派裡的一員。大島於 1897 年擔任法務課長，其後，當了 6 年的警察本署長（就是以後的警視總長），再轉任總督府參事官、總務局長，最後當上了民政長官，基本上可

↑ 祝辰巳

說是由警界升任民政長官的。

　　大島擔任民政長官時，組成了一個「大島派」，成員有內務局長川村竹治，以及從總務局長轉任總督府參事官的山田新一郎等人，與後藤新平的餘黨形成對立之關係。

　　佐久間採用大島為民政長官，用他來鎮壓原住民，乃是他人事安排的目的。大島幹了兩年多的民政長官，這段期間，在大島的身邊時常發生一些令人疑惑的貪汙事件。首先是台灣富豪林本源家為了圖謀製糖會社創立的方便，送了大量賄款給大島的賄賂事件。中央政府為此事欲罷免大島，可是他卻受到佐久間總督的庇護而能擺脫此事件。雖然如此，他還是牽涉了阿里山官營林放領問題的貪汙事件，終於被迫辭職（《佐久間左馬太》，頁823）。這也可以說是由於後藤新平派反擊的結果，大島派裡與此貪汙事件有關連的幹部全體辭職（枠本誠一《台灣秘話》，頁257）。

　　但是，由於大島是屬於政友會系，所以辭職後，1912年1月又被政友會的原敬內相（第二次西園寺公望內閣）任命為神奈川縣知事。當時一起辭職的內務局長川村竹治，也同樣地被任命為和歌山縣知事。

　　僅次於總督官階的民政長官之職總是不能空缺的。因此，宮尾舜治就繼因貪汙事件而去職的大島之後，被任命為民政長官代理。

　　宮尾在被任命為民政長官代理之前，本來的職務是殖產局長並

兼彩票局長與專賣局長。他是於 1901 年開始任職台灣總督府,而且是後藤派的幹部。從經歷上來說,他是有資格擔任民政長官的,而且他本人也認為會被正式扶正為民政長官,可是偏偏事與願違,被任命為民政長官的卻是內田嘉吉,所以宮尾也就辭官他去了。

內田嘉吉民政長官 1890 年畢業於東京帝大法科,他雖然不是出身總督府,可是卻與後藤的人事脈絡有關連。他曾是滿鐵創立委員之一,所以才會被滿鐵總裁後藤所認識,第二次桂太郎內閣,後藤擔任遞相,他則在後藤之下擔任管船局長。

1910 年,後藤在台灣等地的殖民地中央主管機關──拓殖局 (總裁由首相兼任) 擔任親任待遇 (由天皇親自接見任命) 的副總裁時,內田又兼任拓殖局的一個部長職,也就是由於這段因緣,內田才被任命為台灣總督府的民政長官 (內田嘉吉〈三度び伯を夢む〉,《吾等の知れる後藤新平伯》所收)。

這一連串的人事任命,顯示出後藤人事脈絡的雄厚。但佐久間

↑ 宮尾舜治與台灣彩票抽籤器

總督並不拘於派閥之別起用人才，內田就是他所重用的人才。就如
1902 年時，在第三次桂內閣裡任遞相的後藤，曾欲網羅內田任遞
信次官之職，可是佐久間總督硬是留著內田不放，繼續留用為民政
長官。

　　佐久間是個武夫，縱然就任總督之職，也不耐周旋鑽營於政
治。上任後，總督府的主要幹部依然按照兒玉、後藤時代的配置，
人事上一點都未曾變動。就如後面所要敘述的，佐久間在抗日運動
的平定上，特別是前任總督們所欲做而未做的原住民鎮壓，投入很
多的精神與力量。

原住民等的鎮壓

　　台灣史上，原住民由於屢次受到了漢族系移住民之壓迫，以及
被欺瞞的交易榨取其應得之利益，所以原住民（指高山族）與漢族系
人之間的交流很少。相反的，武力的鬥爭倒是不絕如縷。因為原住
民居於閉塞的山地裡且生活水準低下，所以漢族系人很不客氣的稱
呼原住民為「生蕃」，而且很輕視他們，這也是由於漢族系移住民
帶進來的華夷思想在作祟。日本統治台灣以後，日本人對於原住民
也稱呼為「生蕃」或是「蕃人」，1923 年時，乘攝政宮裕仁親王（即
以後的昭和天皇）訪台之際，改了一個新名詞，稱之為「高砂族」。可
是改歸改，日本人還是長期使用「蕃人」的稱呼，未曾停止過。

　　「高砂」的意思就是指台灣，所謂的「高砂族」也就是「台灣
族」，這對原住民來說是很合適的稱呼。在此順便一提的，第二次
世界大戰以後，對原住民雖然改稱為「高山族」、「山地同胞」，
可是對於原住民，漢族系人的反省還是不夠。

當初，總督府只專注於鎮壓平原地帶的反亂，無暇延伸到山岳地帶，到了佐久間總督的時候，就正式開始要平定山岳之亂了。這個平定政策被命名為「理蕃事業」。

過去，乃木總督沿用並擴張清朝時代的隘勇制度，利用漢族系人來阻擋原住民的襲擊，到了佐久間總督的時候，更是徹底執行隘勇制度的政策。

在行政機構方面，佐久間設置了「蕃務本署」(1909-1911年)，並投下巨額經費，將軍隊、警察、隘勇、腳伕等編成大部隊，誘降、彈壓雙管齊下。從1906年佐久間就任總督開始，到1915年辭任為止的這段期間，對平定原住民的作戰從不曾間斷過。

佐久間從1906年到1909年之間，派遣部隊去鎮壓原住民的次數共計18回，並且還伸展了隘勇線的範圍。那是針對原住民而在各地所設的包圍網，佐久間把這包圍網向山地深處延伸，並且更進一步的縮小包圍網，以招降或殲滅的方式進行作戰。在隘勇線上除了配置隘勇之外，還設立加電的鐵絲網，並埋設觸發性地雷及電氣地雷。1910年設立5年平定計畫，並配與1,624萬日圓的預算金，大有徹底鎮壓之勢，到1915年為止的5年間，在台灣全島總共12個地域展開作戰。

佐久間總督雖然到達了陸軍大將法定退役年齡，可是他卻未受此條文約束，這是由於佐久間為了實行5年計畫而才得以繼續擔任總督。鎮壓原住民的各部隊人數大約是1,000人到2,000人的規模。號稱最大規模的一次是1914年對太魯閣泰雅族的攻擊作戰，此次作戰，佐久間本人親自為司令官指揮頭陣，他率領第一守備隊司令官平岡茂陸軍少將，及第二守備隊司令官萩野末吉少將，動員了軍

↑ 1923 年，皇太子時代的攝政宮裕仁親王遊覽草山。

隊 3,108 人、警察 3,127 人，如果再加上腳伕的話，動員人數總共達 11,075 人。戰備方面，除了配備 205 挺機關鎗之外，還配備了砲類 59 門。

　　由於如此執拗的長期作戰，山岳地帶的抵抗，到了 1915 年時大致被鎮壓了。截至 1914 年為止，總督府共設立了 19 所「蕃務官吏駐在所」、48 所「隘勇監督所」及 426 所「分遣所」、779 個「隘寮」、7 座「砲台」。隘勇線的延長方面，到 1914 年時，已達到 436 公里，幾乎是圍繞了整座中央山脈（東鄉、佐藤《台灣殖民發達史》，頁 141）。理所當然的，總督府方面也付出了很大的代價，從 1906 年算起，軍隊、警察、隘勇、腳伕等死亡人數超過了 940 以上，負傷人數達 1,229 人（此人數統計，是根據對此鎮壓行動有詳細記載的井出季和太《台

灣治績志》第 5 章第 3 節計算的）。

原住民方面想必也是死傷慘重，可是死傷者的人數無詳實之記載，故不明。原住民被沒收了 821 枝的槍枝，自此之後，抵抗力量大弱。

人口僅十數萬人的原住民竟然有那麼強勁的抵抗力，或許是因為他們熟習山地的生活及地形吧！可是不容否認的，原住民是比漢族系人還要來得勇猛。再者，漢族系人以隘勇或腳伕之名加入「討伐隊」一事，乃是被總督府強迫的，每一家都必須提供一名腳伕，如果是家裡沒有男人的貧家寡婦，就只有賣子女來僱腳伕以代出役（《警察沿革誌》第 2 篇上卷，頁 795）。

↑ 花蓮鯉魚尾附近的隘勇線

↑ 設於桃園區的隘勇線

↑ 山地吊橋及隘勇

↑ 角板山社原住民組成的隘勇隊

　　當然在佐久間擔任總督的時期，漢族系人本身也時常發生抗日事件。其主要抗日事件如下：

　　　　(1)北埔事件　　　(1907 年 11 月)

　　　　(2)林杞埔事件　　(1912 年 3 月)

　　　　(3)土庫事件　　　(1912 年 6 月)

　　　　(4)羅福星事件　　(1913 年 1 月)

　　　　(5)李阿齊事件　　(1913 年 6 月)

　　　　(6)東勢角事件　　(1913 年 12 月)

　　　　(7)沈阿榮事件　　(1914 年 2 月)

　　　　(8)張火爐事件　　(1914 年 3 月)

　　　　(9)六甲事件　　　(1914 年 5 月)

　　　　(10)林老才事件　　(1915 年 2 月)

佐久間總督總共在任 9 年，是歷任總督任期最長的。其任內主要任務乃是平定叛亂及鎮壓原住民，待其任務達成後，於 1915 年被撤換，另任命安東貞美為新的總督。佐久間辭任 3 個月後，以72 歲之齡去世。

安東和明石總督

第六任總督安東貞美與繼任安東總督的明石元二郎，兩人的類似點是在朝鮮總督府，都曾有過「武將專制」的經驗。

從 1896 年到 1903 年為止，有陸軍的三個混成旅團（旅）配屬在台灣總督府之下，第一旅團稱為台北旅團，第二旅團稱為台中旅團，第三旅團稱為台南旅團。1904 年日俄戰爭爆發期間，曾設置「台灣守備軍司令官」之職，可是並沒有增加守備部隊。相反的，戰後卻減少而變成兩個旅團，而且在 1907 年時，更改變為兩個守備隊的編制，在兵力上也趁此機會削減了二個聯隊（團）。

第 6 任總督安東貞美是於 1853 年出生於信州（長野縣），大阪兵學寮畢業後，官拜陸軍少尉，任職參謀本部。其後，擔任過陸軍士官學校校長、步兵聯隊長（團長），1898 年，在上述三個旅團時代的台灣，以少將之軍階任台灣守備混成第二旅團長（旅長），到翌年為止，都是擔任台中方面的守備。1905 年晉升中將，並連任第 10、第 12 師團長（師長），1912 年被任命為朝鮮駐軍司令官，1915 年辭任並晉升大將。不過，這屬於「名譽晉升」，晉升之日即退役，是一種酬庸。同年，安東被任命為台灣總督。

當時除了安東以外尚有二、三位候補者，可是大浦兼武內相

等人認為有爵位者擔任總督較妥當，
而在陸軍中資格老又有爵位的首推安
東，因此便與陸軍首腦部的大島健一
中將（隔年任陸相）交涉此事。可是安
東自稱「我是一介武夫」，不願接任
此職。陸軍省當局頗感棘手，遂請託
返回東京述職的朝鮮總督寺內正毅遊
說安東，最後好不容易才說服安東答
應就任總督一職（《明石元二郎》下卷，頁
21）。

↑ 安東貞美

　　本來就任台灣總督的人選有一條
不成文規定，必須是陸海軍裡的老資格而且又必須擁有爵位者。在
東京的中央主管機關對總督的人選也參與意見，然後再經首相奏薦
任用。但是自第 2 任總督桂太郎以後，總督的寶座就一直為陸軍所
獨占，理所當然的，關於總督的人選一事，陸軍方面一定是擁有發
言權。

　　為了安東總督的任命而四處奔波的大島中將，在大隈重信內閣
及寺內正毅內閣裡先後連任陸相，有關安東總督的繼任者明石總督
之任命，大島更是扮演了重要角色。

　　第 7 任總督明石元二郎於 1864 年出生於福岡藩，1883 年畢
業於士官學校，1889 年畢業於陸軍大學。1894 年到德國留學，翌
年歸國，任近衛師團參謀之職，並參與占領台灣的作戰。之後，經
歷參謀本部員、駐外武官，1908 年，以韓國駐軍參謀長兼憲兵隊
長的身分，積極參與併吞韓國的謀劃，1914 年，轉任參謀次長，

↑ 台灣守備混成第一旅團司令部大門

翌年就任第 6 師團長。1918 年，以
中將之軍階被任命為台灣總督，明石
俟晉升大將後，立即前往台灣就任。
翌年，隨著改制而兼任了台灣軍司令
官，但同年卻病歿於福岡。所有的台
灣總督中，唯一在任期中死亡的，就
只有明石總督而已。依照明石的遺
志，把遺體運到台灣，下葬在台北市
郊外的三板橋（今林森北路、南京東路一帶
之違建區中，1999 年改遷葬台北三芝福音山基督
教墓地），這也是唯一把遺骨埋在台灣

↑ 明石元二郎

的總督。反觀蔣介石，死後仍不願埋身台灣，其棺木就離土三寸。

西來庵事件

可是對安東來說，接任第六任總督不知是幸或是不幸。安東於1915 年 6 月到台灣赴任以後，台灣西部一帶馬上發生了大規模的抗日事件，此事件稱為西來庵事件或是噍吧哖（現在的玉井）事件。這事件的領導者是曾經擔任過巡查補的余清芳，事件的中心主旨是要把日本人從台灣趕出，並在台灣樹立一個獨立國「大明慈悲國」。這是一個橫跨全島的獨立運動。

鎮壓此事件時，總督府出動大砲轟擊村落，在 8 月 6 日對噍吧哖的攻擊中，總共有 309 人被殺。另外，在各地也有多人遇害或被捕。因噍吧哖事件而被逮捕者，余清芳以下共計 1,464 人，其中被判死刑的達 903 人。但實際上真正被執行死刑的人數是 200 人，剩下的 703 人被減為無期徒刑（《警察沿革誌》第 2 篇上卷，頁 828）。

↑ 西來庵：余清芳宣揚其抗日行動處

↑ 西來庵事件被捕之人頭戴籠盔，由台南刑務所押解至法院受審。

　　本來，日本認為台灣已經進入安定期，如今發生了此事件，帶給日本本國很大的衝擊。可是此事件的責任問題還不致於怪罪到總督府的頭上，事件發生後，內田民政長官的辭職與此事件並無關係，而是因與剛到任的安東總督不合及一些權限上的爭執所致的。

下村長官的產生

　　繼內田之後，擔任民政長官的是下村宏。下村的字號是海南，擔任總督府民政長官的時候有很多的業績。其經歷也不僅限於官僚、政治家，他同時也是一位很獨特的人物。下村生於 1875 年，出身和歌山士族，1898 年，自東京帝大法科畢業後即進入遞信省，八國聯軍的時代曾任北京郵局局長。之後，到德國留學，歸國後，任遞信省貯金局長。以

↑ 下村宏

30 多歲之齡就任高等官二等（敕任官）的下村宏，一直被讚賞為青年才俊。

　　但是，與安東總督沒有任何淵源，也未曾謀面，而且才 40 歲的下村宏，為何會被提拔為民政長官呢？根據台灣民俗學者池田敏雄的說法，下村的任命是當時任貴族院書記官長的柳田國男向安東總督推薦的。柳田是一位民俗學者，同時也是一位長久在內閣法制局參事官職位的人，所以在殖民地的法制方面，經驗豐富。安東總督是柳田的叔父，安東時常接納柳田的意見（池田敏雄〈柳田國男と台灣〉，《國分直一博士古稀記念論集》，新日本教育圖書所收）。

　　無論如何，下村從安東總督開始，歷任了明石總督、田總督等
3 任總督的民政長官（於任期中改稱為總務長官）。下村比較算是一位自
由主義份子，由於文官總督的實現和田健治郎的就任總督，都與他
的業績有關係，所以有關他的業績留在後面敘述。

建設和搜刮

　　在佐久間以後的武官總督時代後半期，台灣的經濟仍繼續的進
步著。如交通網、運輸機關的整備，以及導入新機械加入生產、衛
生狀態的改善，還有隨著自來水、電話的鋪設而提高了生活環境，
學校的擴充和教育機會的擴大等等，這些工作都對生活水準的提高
有很大的貢獻。日本領台初期，有很多「夢想大撈一筆」的日本人
趕赴台灣，在兒玉、後藤的時代才有與這群人截然不同的官僚進入
台灣。比較上來說，在不太受中央政府約束的殖民地，這些官僚反
而較能一展抱負，各個機能也可以毫無羈絆的展開，換一個角度來
說，可以產生「獨裁制的效率」。

　　前往台灣赴任的官吏時常被在本國任職的官吏蔑稱為「灣
吏」，如果與日本本土任職的官吏比較起來，社會上的評價是較低
的。可是調到台灣的官吏也有他們的好處，他們能占的官職要比在
日本本國時為高，而且還有所謂的外地津貼，就是加 50%~80% 的
薪水。除此之外，還可以在殖民地品嚐到君臨殖民地民眾之快感。

　　在兒玉、後藤的時代，特別是後藤的時期所招聘的官吏，可謂
人才濟濟，有許多的人即使派遣到本國其他的部門也必定是勝任愉
快。這些人才如土木技師長尾半平、主計課長祝辰巳、稅務課長中
村是公、稅關長中村純九郎、宮尾舜治、殖產課技師新渡戶稻造、

鐵道部技師長長谷川謹介、台北醫院長高
木友枝、臨時舊慣調查會主持岡松參太郎
等等。這些人在後藤離開台灣以後，有的
人留下來繼續經營殖民地，有的人離開台
灣後還是在別的地方各展所長。台灣總督
府的官吏素質雖然良莠不齊，可是優秀的
人才卻還不少。而且這些人還力助總督、
民政（總務）長官名留青史，說他們是真正
幕後出力的，一點也不為過。

↑ 長尾半平

再說，隨著台灣經濟的進展，搜刮經
濟利益的手段也就接踵而來。

於 1897 年設立的台灣總督府特別會
計制度，是欲謀求能從中央政府的一般
會計中分離出來，自行獨立台灣財政。
1905 年，台灣的財政終能獨立，可是從
1907 年開始，就轉換成以台灣的財政來
豢養日本內地。我們從關稅及砂糖消費稅
方面來看便知。

↑ 新渡戶稻造

1907 年，在關稅統一的名義之下，
台灣的關稅收入硬是從台灣特別會計中被
切離，以編入日本中央的一般會計裡。結
果，台灣失去了全部的關稅收入，甚至還
必須負擔海關的全部費用。這種不平等的
現象到 1909 年總算還是改進了，可是雖

↑ 長谷川謹介

然改進，但台灣也只能和日本內地平分關稅收入，然卻還要負擔稅關全部的事務費用。

　　此外，還有一些奇怪的措施，本來，在日本本國生產的商品都先加上消費稅，然後再輸向台灣。在台灣製成的商品也是一樣先加上消費稅再輸入日本內地。在台灣，這部分的消費稅金就歸入台灣總督府特別會計裡。可是，1910 年的時候，中央政府藏相和台灣總督之間，制定了一項砂糖消費稅分配協定，把該稅的一部分納入中央政府的一般會計裡。對台灣來說，這又是經濟利益上的一大損失。然而日本中央政府貪得無厭，1913 年的時候，規定凡是輸向日本本國的砂糖消費稅，一律從台灣特別會計移入中央政府的一般會計裡。對台灣來說，就是減收了那部分的消費稅了。

　　中央政府的這種做法，畢竟還是遭到台灣總督府方面的抗議。結果，從 1913 年開始，前述的台灣海關關稅一項，完全成為台灣總督府特別會計的收入（《佐久間左馬太》，頁474），也可以說是亡羊補牢吧！

　　由此可見，日本政府像這樣對殖民地經濟利益的掠奪剝削，早從 1907 年就開始了。

第三章 文官總督時代

第一節　大正民主期總督面面觀

改為文官總督制

初期武官總督時代到明石總督為止就結束了，在他任期中，因下列情勢的變化，文官總督的任用變為可能。1918 年 9 月，日本內閣改組，原敬內閣誕生，這個新內閣與從來的藩閥、官僚內閣完全不同，是一個政黨內閣，令人耳目一新，是日本帝國憲政史上的劃時代之舉。

正在此際，統治俄國長達三世紀之久的羅曼諾夫 (Romanov) 王朝被推翻，出現了蘇維埃政權，帶給全球的無產階級一線曙光。對於掙扎在差別、壓迫、榨取的殖民地人們來說，這無異是對獨立革命成功的最大鼓勵。而且在第一次世界大戰中的 1918 年 1 月，美國總統威爾遜 (T. W. Wilson) 於大戰講和的諸原則中，發表了戰後國際政治的原則「十四點宣言」，其中所提到的「民族自決」一項，帶給全球殖民地的人很大的激勵。在朝鮮、台灣也不例外，特別是朝鮮，1919 年 3 月 1 日，發生了以獨立做為目標的「萬歲事件」，3、4 月，在全朝鮮的 618 個場所，發生了 332 回暴動，以及 757 回的示威運動。

在台灣，像朝鮮那樣熾烈的武力抗日運動，全部在日本帝國軍警的鎮壓下消失無形，沒有像「萬歲事件」那樣的衝勁、活力。但

是，台灣人的抵抗型態已改換成另外一種方式，從 1913 年開始發起廢除差別待遇運動，此運動一直持續很久，如同後面所敍述的，那是一種昇華為追求「台灣人自主性」的運動。

為了應付這種情勢，在寺內正毅內閣末期時，日本政府就已被迫重估殖民地政策，而早就主張殖民地文官總督制的原敬組閣之後，在殖民地制度方面的改革，也就理所當然了。

原敬本來是在外相陸奧宗光之下擔任外務次官，而且是在日本占領台灣後隨即成立，也是統治台灣的中央主管機關「台灣事務局」的委員之一，曾參與籌劃殖民地統治政策。當時，他主張總督應由文官來擔任，可是未被採納，等到他掌握到政權的時候，所持之信念，終於可以實現了。

由於制度的改變，1919 年以後，在法制上來說，殖民地總督由文官來擔任一事成為可能，但是在朝鮮方面，事實上沒有誕生過純粹的文官總督。台灣方面，1919 年，當時的明石總督也沒有直接被更換掉，還是保持原狀由武官繼續留任，並且還兼任了新設立的台灣軍第一任司令官。台灣第一任文官總督，是在繼明石之後出任總督的田健治郎時才實現的。文官總督自第一任的田健治郎起，到中川健藏為止，共有 9 任，計 17 年。

原敬

表4：文官總督表

任	總督	在職期間	年齡	出身	黨派	總務長官	在職期間	台灣軍司令	在職期間
								明石元二郎	1919.8.20
8	田 健治郎	1919.10.29	65	兵庫	政友會系	下村 宏 賀來佐賀太郎	留任 1921.7.11	柴 五郎 福田雅太郎 鈴木莊六	1919.11.1 1921.5.3 1923.8.7
9	內田嘉吉	1923.9.6	58	東京	政友會系	賀來佐賀太郎	留任		
10	伊澤多喜男	1924.9.1	56	長野	憲政會系	後藤文夫	1924.9.22	菅野尚一	1924.8.20
11	上山滿之進	1926.7.16	58	山口	憲政會系	後藤文夫	留任	田中國重	1926.7.28
12	川村竹治	1928.6.15	58	秋田	政友會系	河原田稼吉	1928.6.26		
								菱刈 隆	1928.8.10
13	石塚英藏	1929.7.30	64	福島	民政黨系	人見次郎	1929.8.3		
								渡邊錠太郎	1930.6.2
14	太田政弘	1931.1.16	61	山形	民政黨系	高橋守雄	1931.1.17		
						木下 信	1931.4.15	眞崎甚三郎	1931.8.1
						平塚廣義	1932.1.13	阿部信行	1932.1.9
15	南 弘	1932.3.2	64	富山	政友會系	平塚廣義	留任		
16	中川健藏	1932.5.27	58	新潟	民政黨系	平塚廣義	留任	松井石根	1933.8.1
								寺內壽一	1934.8.1
								柳川平助	1935.12.2
								畑 俊六	1936.8.1

所謂大正民主期到底是指哪一個年代？關於這點，有幾種說法，不過就一般講是指大正 7 年到昭和 7 年的那一段，也就是 1918 年到 1932 年的 14 年。台灣總督府的文官總督時代是 1919 至 1936 年，從而這兩個時代是幾乎重疊的。

↑ 田健治郎

歷任的文官總督和輔助總督的總務長官，以及直接和中央統帥權相聯繫的軍司令官姓名，如表 4 所列。

台灣軍司令官制度

隨著台灣軍司令官制度的設立，台灣軍的指揮權從總督手上轉移到台灣軍司令官的手裡，總督再也沒有指揮台灣軍的權力。總督只能：「認為必須保持安寧秩序的時候，得以請求在其管轄區域內的陸軍司令官，使用兵力來維持秩序。」（大正 8 年敕令第 393 號，「台灣總督府官制改正」第三條）

台灣軍司令官從 1919 年的明石元二郎陸軍大將（現職總督）開始，到太平洋戰爭爆發後被任命為司令官的安藤利吉陸軍中將為止，共 19 人。此制度一直持續到 1944 年，台灣軍擴充為第十方面軍為止。也就是說，1936 年起，又開始任命武官當總督之後，台灣軍司令官制度仍然持續，一直到日本統治末期。

以陸軍大將的軍階就任軍司令官的，除了明石和其後繼者柴五郎之外，全部都是以中將的軍階就任的，在任期間被昇為大將的有 7 人。歷代的軍司令官當中，不乏有佼佼之將才人物，例如皇道派

的總帥且是二‧二六事件 (1936 年 2 月 26 日，一批陸軍青年將校率領約 1,400
名士兵，襲擊了首相官邸及警視廳等，殺害了高橋是清藏相、齋藤實內相等閣僚) 的調
停者眞崎甚三郎，及後來曾組閣的阿部信行和「支那派遣軍」總司
令官的畑俊六等人。而且還有父子兩代都在台灣居要職的，例如兒
玉友雄軍司令官 (1937-1939) 就是曾任總督的兒玉源太郎的三男。

　　總而言之，1919 年以後，肩負台灣守備任務的台灣軍司令官，
越過台灣總督，而直接隸屬於中央統帥權。在這期間，主管台灣總
督府的中央主管機關曾更換了幾次，從 1929 年起，改由拓務相擔
任 (請參閱第 5 章第 1 節)。

　　在此也談一下台灣軍的配置問題，台灣的常駐軍隊於 1907 年
被減為二個聯隊 (聯隊編制大約 3,200 名)。1919 年時，雖然設台灣軍司
令部，置軍司令官，但其所指揮的軍隊，也只有兩個聯隊及基隆、
澎湖的要塞守備部隊。兵員數目雖然很少，卻與日本本國相異，
採取了臨戰態勢的守備隊方式。即台灣軍司令部之下設置台灣守備
隊，更在其隸下設台北第一聯隊和台南第二聯隊。台北第一聯隊裡

↑ 台灣軍司令部

的一個大隊分駐於台中，台南第二聯隊的一部分分駐於高雄和花蓮港。此外，還有台灣憲兵隊，在台中、台南、高雄、花蓮港都設有分隊，屏東且於後來更配備有飛行第八聯隊。這些都是從台灣守備隊各自獨立存在的，並直屬台灣軍司令部（森田俊介《台灣の霧社事件》，頁83）。

台灣軍在太平洋戰爭爆發後被改編為一個大部隊，後來發展為第十方面軍。

政友會系的田、內田總督

初期武官總督時代的總督人事傾向於藩閥色彩，幾乎沒有政黨色彩，主要是與日本本國的政局有關。原來，打倒德川幕府的主要勢力是薩摩、長州兩藩（現在的鹿兒島縣與山口縣）的下級武士。因此明治維新以後的中央政府，大都由這兩藩出身的人士把持，稱之為「藩閥內閣」。這種情形，自明治維新到1900年垮台的第二次山縣有朋內閣，都極其明顯。其中，有時縱然略帶政黨色彩，本質上還是藩閥內閣。

接著，從1900年政友會支持的第四次伊藤博文內閣以後，到1918年的寺內正毅內閣為止，雖被看作有政黨色彩，可是還是官僚內閣的型態。總之，無論在什麼情況下，台灣總督及民政長官的任免，政黨色彩並不是非常醒目，大致上可說是從別的觀點來作任免的依據。

但是1918年原敬內閣成立以後，狀況隨之一變。除卻例外，台灣總督及總務長官的任免，也變得有濃厚的政治色彩。從此，隨著中央政局的變動，政黨色彩的人事任免，成為稀鬆平常的事情。

這種趨勢的開端，乃是始於政友會原敬內閣的任命田健治郎一事。

第八任台灣總督，也是第一任的文官總督田健治郎是兵庫縣農民的次男，自幼苦學畢業於東京帝大，歷任了神奈川縣、埼玉縣警部長之後，由後藤象二郎遞相（管轄郵政、電話、電信的大臣）推薦，擔任了遞信省書記官。1895 年台灣事務局創立，由總理兼任事務局總裁，當時任通信局長的田健治郎擔任了事務局的交通部委員，而與台灣有了關係。

其後，田健治郎於 1901 年，因政友會要角星亨的推薦，得以在家鄉當選眾議員。同年，在大浦兼武遞相之下擔任次官（第一次桂太郎內閣），並以鐵道國有化的功績被授與男爵的爵位。1916 年以遞相的官位進入寺內正毅內閣，與田健治郎有姻親關係的後藤新平，也在此時以內相的官位入閣。

↑ 米騷動事件：1918 年 8 月 11 日，神戶的鈴木商店在暴亂中被燒毀。

　　寺內內閣由於首相本身的體弱多病，再加上任內又發生了「米騷動」（由於物價變動，米價高漲，導致城市勞動者和下層農民生活窮困。1918 年，富山縣的漁村婦人首先發難襲擊米店。這是一個自發性的騷動，一度蔓延全國，最後由政府出動軍隊始鎮壓住），而於 1918 年垮台。之後，政友會的原敬內閣成立，如前所述，原敬開啟了文官就任總督之道，利用明石總督病歿的機會，任命田健治郎為第一任的文官總督。田健治郎就任遞信次官的時候曾退出政友會，可是還是與政友會保持密切的關係，並且與原敬始終是至交好友。田健治郎被任命之前，田中義一陸相曾委託元老山縣有朋去說服他擔任總督之職，可是還沒等到山縣行動，田健治郎就在原敬的試探下承諾接任總督，而使此人事定案。可見他對於就任第一任文官總督早有強烈的欲望吧（《田健治郎傳》，頁 375）。

　　歷任台灣總督之中，只有樺山資紀和田健治郎兩人曾有擔任過大臣的經驗，爾後才出任總督。相反的，歷任的朝鮮總督如：寺內正毅、長谷川好道、齋藤實、宇垣一成（臨時代理）、山梨半造、齋藤實（擔任總督兩次）、宇垣一成、南次郎、小磯國昭、阿部信行等人，除了長谷川以外，每個人都是先有過擔任大臣的經驗，爾後再就任總督，就連長谷川也是辭了參謀總長後才就任總督的。這些人之中，阿部甚至有擔任過首相的經驗。朝鮮總督的官階比台灣總督還要高，由此可見一斑。田健治郎是少數有大臣經驗的台灣總督。此外，總督辭任以後當上首相的，台灣總督就只有桂太郎一人而已。朝鮮總督方面則有寺內、齋藤、小磯等三人當上首相。

　　田總督任期內，原敬首相被一個少年刺殺，由於元老們不希望暗殺引起政變，於是推薦與原敬同屬政友會的高橋是清組閣。高橋

雖然是傑出財政專家，卻是一個庸愚的首相，就任不到 7 個月就提出辭呈。

加藤友三郎繼任首相，加藤內閣雖然說是沒有政黨色彩的「超然內閣」，但是幾乎近半數的閣僚是前內閣的。由此可以知道，這個內閣還是帶有相當重的政友會色彩，因此田總督的寶座未曾動搖過。

↑ 內田嘉吉

1923 年，同樣是超然內閣，或是所謂的「人才內閣」——第二次山本權兵衛內閣成立時，由於田健治郎被任命為農商務大臣兼司法大臣，所以辭掉了台灣總督之職。

第 9 任總督內田嘉吉繼田健治郎之後就任，內田於 1915 年辭去台灣民政長官之職後，閑極無聊，在後藤新平當會長的都市研究會裡，擔任無甚重要的副會長。1916 年，田健治郎和後藤新平加入寺內正毅內閣時，內田是在田健治郎遞相之下擔任遞信次官。當時沒有所謂的事務次官制度，對於次官的任免，該部門的大臣有很大的決定權，由此可看出內田和田健治郎的關係是多麼的親近。內田能夠被推選為田健治郎的繼任者，除了是後藤的關係之外，也是由於有田健治郎支持之故。當時，山本首相欲推舉山梨半造陸相繼田健治郎之後就任總督，可是田健治郎以內田嘉吉較熟悉台灣事務為由，推舉內田繼任總督。因此，山本首相也就放棄由山梨來繼任的念頭（《田健治郎傳》，頁 528）。

能幹的長官和貪汙的長官

在此，我們來看看兩位總督所任用的總務長官。田健治郎擔任總督的時候，沒有更換總務長官，還是任用安東、明石總督時代的總務長官下村宏。下村是一位能幹的行政官員，風評很好。

首先，下村廢止了小學教員的帶劍制度。當時在台灣，不要說警察，連小學教員也規定腰佩刀劍，這是喜好統一制服的後藤新平所下達的規矩，而下村廢除了此規定。還有於 1904 年實施的「罰金及笞刑處分例」，也因無視人格之存在而被廢止了。所謂的笞刑就是主刑在 3 個月以下的重禁錮（關在禁錮場而且有刑務作業的義務），或是罰金 100 日圓以下的犯罪可用笞刑代替。到 1921 年為止的 17 年間，總受刑者 83,414 人的三分之一，也就是說有 32,108 人曾受過笞刑處罰。受笞刑是非常痛苦的，有一位雜貨商受笞刑 75 下之後，回到家裡半個月不能走路。他說寧願服 6 個月的刑期或許比較划算（《警察沿革誌》第二篇下卷，頁 932）。此外，下村推翻後藤的「台灣人不需要高等教育」的政策，設立了專門招收台灣人的高等專門學校。

可是，諸如笞刑廢止等政策的施行，與其說是下村的行政成果，倒不如說以原敬首相為中心的本國政府改變殖民地政策，來得比較恰當。不管怎樣，由於下村採取了自由開放的政策，所以他的政績，得到了很高的評價。

下村在總務長官的任期中也被授與法學博士的學位。1921 年，他辭官之後進入朝日新聞社，次年升為常務董事，1930 年就任副社長。和下村同時辭去總督府之職進入朝日新聞社的，還有文書課

長石井光次郎。下村也曾歷任東京郵便電信學校的教授，及日本放送協會會長。以政治生涯來說，下村於 1937 年就任貴族院議員，大戰結束前在鈴木內閣擔任國務大臣兼情報局總裁，他曾不顧軍部的阻礙，把「玉音放送」（即昭和天皇透過收音機，親自對日本國民宣布日本向聯軍無條件投降）的錄音從皇宮安全的帶了出來，此事使他名噪一時。下村於 1957 年病殁。

對於總務長官的後任者，田健治郎總督起用了在總督府工作了 18 年，主管郵電的賀來佐賀太郎。

賀來出生於大分縣，1899 年畢業於東京帝大英法科，一度進入農商務省。1904 年時，進入台灣總督府之後，就一直在通信局工作，他擔任課長達 11 年之久，就升遷來說，可以說是很緩慢的。賀來能從長久的課長之職脫穎而出就任專賣局長，乃是由於內田嘉吉民政長官的採用，而也因此才受到田健治郎的提拔就任總務長官。因為有這層關係，所以內田就任總督的時候，賀來總務長官就被留任了。

可是，勞苦的人並不一定就清高，賀來在任期間曾以「預約開墾」的名目，把國有地以低價格賣給了三井財閥關係的公司，此事帶給賀來的利益，就是在他辭官之後，親自當了那家公司的社長。這個行為，引起了人家的不恥。

內田的後任總督是憲政會系的人，賀來自知留任無望，同日上京（東京），從此再也沒有回台灣過。他的自請辭職，在他離開台灣 18 日後才被照准。

憲政會的伊澤總督

內田總督在任期間，中央政局從第二次山本權兵衛內閣變成清浦奎吾內閣。由於這也是超然型的內閣，所以總督的寶座不曾動搖。

但是，清浦內閣只有五個月的時間就短命而終。1924 年 6 月，第一次加藤高明內閣成立之後，情勢俄然改觀。這個內閣雖然說是以護憲三派（即政友會、憲政會、革新俱樂部）為基礎的，可是憲政會總裁加藤高明卻以「加藤內閣」而頗自負，刻意左右閣僚人事。結果，人事的變動也波及台灣總督府，憲政會系的貴族院議員伊澤多喜男被任命為台灣新總督。

擔任第 10 任台灣總督的伊澤多喜男，1869 年出生於長野縣，1895 年畢業於東京帝大法科政治學科，高等文官考試及格。曾歷任縣警部長，和歌山縣、愛媛縣、新潟縣的知事（即縣長），並於 1914 年出任警視總監，1916 年成為敕選貴族院議員。伊澤擔任新潟縣知事時，曾為了縣預算問題而與政友會支部採取對立態度，遂被原敬內相停職處分。伊澤認為政友會相當腐敗，所以伊澤進入貴族院當議員後，就與政友會的原敬內閣採取對立態度，而與憲政會緊密相連。

1924 年，伊澤在第一次加藤高明組閣的時候，曾被加藤邀請入閣。由

↑ 伊澤多喜男

於在日本占領台灣的初期，伊澤的哥哥伊澤修二曾擔任過台灣總督府的學務部長，所以他對台灣自是有一份親切感，於是就自己要求擔任台灣的總督，此要求被接受了，伊澤遂如願的出任台灣總督（同傳記編纂委員會編《伊澤多喜男》，頁 147）。

總督府的人事糾紛

1924 年 9 月，官拜台灣總督的伊澤自己物色總務長官，他選擇了辭去內務省警保局長，正無所事事中的後藤文夫，擔任他的總務長官。這是當時朝鮮總督府警務局長丸山鶴吉的推薦之故，在丸山未推薦之前，伊澤和後藤文夫之間並沒有什麼深交。

後藤文夫於 1884 年生於大分縣，1908 年東京帝大法科畢業後，同年高等文官考試及格，進入內務省。而後由東京府屬開始，歷任神奈川縣事務官、青森縣警部長、內務省參事官、大臣官房文書課長，並從 1922 年 6 月開始到翌年 10 月為止，就任高等官二等的警保局長（資料來源：警察廳人事課）。

警保局負責主管高等警察（主管思想問題）及有關治安之事務，在內務省裡也是一個重要的部門。按多年來的慣例，擔任過警保局長的人，以後會被任命為貴族院的敕選議員（大霞會《內務省史》第一卷，頁 429）。儘管如此，台灣總督府的高級官員們，還是認為後藤文夫的官歷不足，反對他就任總督府的總務長官。

但是，伊澤總督無論如何也要任用後藤為總務長官，為此，還特別為他想出了迂迴戰術，伊澤任命後藤擔任總督府參事官兼代總務長官。對此事，伊澤可說是採取霸王硬上弓的態度。

台灣總督府本府自不待言，在州知事之中，比 40 歲的後藤年

長且官階還要高的人，比比皆是。基於對
此點的不滿，局長以及重要的幹部都提出辭
呈，伊澤不為所動，另外任用了新的重要幹
部，總督府的官僚陣容因此隨之一變。

↑ 伊澤修二

　　總督府雖然有這些人事上的糾紛，但是
1925 年，日本史上第一個道道地地的政黨
內閣，即憲政會的第二次加藤高明內閣成立
了。本來就屬於憲政會的伊澤總督之地位也
就更加地穩固了。1926 年 1 月加藤首相去
世，第一次若槻禮次郎內閣成立，這也是屬於憲政會系的內閣，所
以伊澤的總督地位也是不曾動搖。可是伊澤在回東京療養病體的時
候，卻被東京市會（議會）銓衡委員會推舉為東京市長。這是由於若
槻首相及伊澤本人的親友濱口雄幸內相，因擔心伊澤若再回台灣歸
任總督，恐怕對他的健康有影響所以作此安排（前揭《伊澤多喜男》，頁
162）。

　　爾後的伊澤再也沒有擔任過顯赫的職務，1940 年，他曾一度
被任命為樞密顧問官。1947 年，根據「麥克阿瑟備忘錄」[1]被解職、
放逐。

　　伊澤於 1949 年，以 81 歲的高齡去世。

---

❶ 日本戰敗後的 1946 年，聯軍統帥公布該備忘錄，規定凡是與日本本國的和平化、民主化有關
　的重要公職，應該放逐不適當的人物。這些公職包含國會、地方議會的議員，中央機關以及
　地方公共團體的職員，特定的公司、協會、報導機關的職員。被放逐的人，不能參加政治活動。
　這個規定實施到 1952 年日本回復獨立為止。

上山總督

　　繼伊澤之後的第 11 任總督乃是上山滿之進，他是伊澤的志同道合者，也是因伊澤的推薦而得以就任總督的。

　　上山總督出生於山口縣，1895 年與伊澤同時畢業於東京帝大法科，並於同年通過高等文官考試而進入內務省。之後，赴任青森縣參事官，1898 年任法制局參事官，1908 年任農商務省山林局長。1921

↑ 上山滿之進

年升為高等官一等。1913 年任熊本縣知事，1914 年任農商務次官，1918 年成為貴族院議員。他是屬於憲政會系的一員，與加藤高明總裁有很深的關係，在第一次加藤內閣的時候，他也參與組閣謀劃（上山君記念事業會編《上山滿之進》下，頁 1042）。

　　根據若槻首相所言，上山被任命為總督一事，是由於他的推薦，而且上山本人也是如此的說法。總督雖是日本天皇親自召見任命的「親任官」，但事實上是由首相奏薦的，當然兩人所言並不止於這種形式。若槻和上山自從第二次大隈重信內閣以來就有交往，而且也是隸屬同一黨派，所以由伊澤前總督所推薦的上山自然就容易被採用了。

　　上山總督上任後，還繼續留任後藤文夫為總務長官。上山從 1926 年開始到 1928 年為止，一直擔任總督之職。在 1928 年的時候，久邇宮邦彥親王訪問台中之時，遭到朝鮮青年趙明河（當時 24 歲）的襲擊，為此事件，上山總督和後藤總務長官兩人也就一起自請辭

職了。關於此事件，鷲巢敦哉所著的《台灣警察40年史話》一書裡的頁82有詳細記載。上山於1929年被授與旭日大綬章，1935年就任樞密顧問官，1938年去世，享年70。

後藤文夫辭了總務長官之後，曾歷任貴族院議員、農相、內相，以及東條內閣的國務大臣。戰後也以參議員的身分活躍於政界，最後的職位是日本青年會會長，他於1980年去世。

上山總督在任期間，雖然中央政府曾發生政變，而由政友會的田中義一成立內閣，可是屬於憲政會系的上山卻依然能繼續擔任總督，原因何在？

田中內閣成立的4月到10月間，政友會中要求更換掉屬於憲政會系的上山與後藤的呼聲很高，可是上山總督與田中首相之間連結著一層很牢固的長州藩閥意識，而且彼此間的交往也很親密。少田中6歲的上山談到兩人之間的關係時，稱田中為「同鄉之中最親密的人」。就是因為有這層私人關係，所以「台灣銀行事件」對上山的留任發生了很大的作用。同樣地，也因為有這些關係，所以在此事件上才會有意想不到的完善解決結果。

台灣銀行事件

1927年春，爆發了台灣銀行給與鈴木商店巨額的不良貸款事件。這件事在後藤新平民政長官的時代就已經開始了。台灣銀行給與這麼一個私人企業的融資金額，到了昭和時代竟高達3億8千萬日圓（按：1927年的貨幣發行額是5,388萬日圓）。台灣銀行認為不可以再給與背負著龐大收支紅字的鈴木商店任何貸款，故停止了貸款。如此一來，鈴木商店遂於1927年4月5日破產倒閉，而台灣銀行也受

到很大的影響，幾乎瀕臨破產的邊緣（名倉喜作編《台灣銀行 40 年史》，頁
310）。

　　台灣銀行是台灣地區的發券銀行（授權發行貨幣的銀行），但卻是股
份公司組織，創立之時，政府與皇族擁有五分之一之股份，其餘則
由民間以及經濟界出資。不過，如果台銀的信用動搖，勢必影響台
灣人對日本本國的信心，於是日本銀行不斷提供援助。

　　台灣銀行仰賴日本銀行的援助，可是身居全國中央銀行地位的
日本銀行，也由於那時發生全國性經濟危機而中止了對台灣銀行的
融資。此時，若槻內閣提出了緊急敕令（等於總統的緊急命令）案，要
日本銀行對台灣銀行採取特別融資，而日銀對台銀融資所產生的損
失，由政府支付 2 億日圓的補償給日銀。但是，此提案卻遭到樞密
院的否決，因此，4 月 17 日，若槻內閣總辭（按：樞密院是天皇的諮詢機
關，由樞密院顧問官組成之。國務大臣與成人的親王得列席，是一個重要的機關）。

　　如此一來，台灣銀行本行及在全島的各分行非得關門不可。可
是，身為台灣的中央銀行之台銀若倒閉的話，也會波及島內整個
金融機構的倒閉，而且恐怕連日本帝國對台灣的統治也會產生危
機。在這緊要關頭，上山總督採取了關閉日本內地分行（4 月 18 日實
施），而島內本行、分行仍繼續營業的方案。另一方面，上山還向
剛於 4 月 20 日成立的田中內閣請求准予台銀紙幣的額外發行許可。
當時，台灣除外，在日本本國的全部銀行皆發出 21 日的延期付款
(moratorium) 通告，可見那時的日本是處於經濟危機中。這是田中內
閣成立後第三天的事件，田中內閣在 5 月上旬召開臨時議會，除了
採取台銀紙幣額外發行措施以外，並促使議會通過由日銀對台銀融
資的救濟案，才使台灣銀行得以繼續存在。

從內閣成立之日開始，就碰到這個不得不解決的難題的田中首相，聯合上山總督以及後藤總務長官，圓滿地解決了台灣銀行事件，他必定沉浸在事件解決後的滿足感裡。上山、後藤兩人能安穩的保有其位，乃是田中首相的支持之說法是不會錯的。事實上，上山辭了台灣總督之後，田中首相還親自到上山的家裡去慰勞他呢（《上山滿之進》下，頁377）。

川村總督和河原田長官

繼上山之後被任命為第 12 任總督的是川村竹治，這是政友會內閣之黨派人事的反映，川村本身曾在台灣有過不愉快的經驗。川村出生於秋田縣，1897 年畢業於東京帝大英法科，曾任內務省參事官，並於 1909 年，受大島久滿次總務長官的招請，就任總督府內務局長，這與其說是相當的提拔，毋寧說是派閥的人事任命。可是 1910 年時，發生了在前文已提過的阿里山官營林放領的貪汙事件，川村被追究責任，遂隨大島一起辭掉總督府之職。

1911 年，屬於政友會系的川村，被同是政友會的原敬內相任命為和歌山縣知事，其後，並歷任香川縣、青森縣知事。1918 年又被原敬內閣任命為內務省警保局長。本來從大正時代起，警保局長的任用，在自由任用方式和資格任用方式間變換了幾次，可是在最近的一段時期中，卻都只採用東京帝大出身

↑ 川村竹治

的高等文官。川村本身不但具有資格，經驗也十分豐富，所以川村被任命為警保局長，不能一概說是政友會的人事安排所致。

1922 年川村在水野鍊太郎內相（加藤友三郎內閣）之下任次官，再經歷滿鐵社長之職後，於 1928 年就任台灣總督，又回到了昔時的老地方。川村以前是由於貪汙的不幸事件而離開總督府的，現在竟然入主台灣總督府。

川村一上任，馬上就任用和自己同是政友會系的河原田稼吉為總務長官。河原田出身福島縣，1909 年畢業於東京帝大政治科後，進入當時是台灣總督府的中央主管機關——內務省，在設於大臣官房的台灣課任職，仕途生涯的第一階段就在台灣關係的官廳裡度過。之後，河原田任福島縣事務官，並於 1915 年，先後在熊本、長崎擔任縣警部長，1917 年轉任警保局保安課長。翌年，川村竹治升任警保局長，成為河原田的頂頭上司。這時期，河原田做了川村的心腹，而被說成是「川村的三大金剛」之一。

1922 年，川村升任為內務次官時，河原田也在同年轉任內務省社會局第一部長。1928 年，河原田受到川村總督提拔為總務長官時，他的職位是社會局的勞動部長。

曾任警保局長的前任長官後藤文夫，就任總務長官的時候曾被批評經歷不足。河原田任總務長官的話，經歷更不足。當時靜岡縣知事長谷川久一很有希望出任總務長官，到最後演變成河原田就任其職，乃是由於河原田的親友警保局長橫山助成極力推薦所致。那時的橫山也是「川村三大金剛」之一，基本上河原田本身也是川村的心腹，當時世間上更是容認政黨內閣制下的黨派人事安排。

河原田本人的宦途也相當不錯，他於 1937 年升任內相，1938

年任貴族院議員，1939 年任文相，之後再任大阪府知事，然後於 1952 年當選為眾議員，歷任要職。

川村總督則於 1932 年在犬養毅內閣任 2 個月左右的司法大臣，並以政友會久原房之助派的巨頭身分活躍於世。

總之，這個代表政友會內閣的政友會系總督及總務長官搭檔，在 1 年又 1 個月之後，終於從台灣總督府裡消失了。

民政黨的石塚─人見體制

在中央，做為執政黨的政友會分裂為政友會和政友本黨，1927 年 6 月，政友本黨和憲政會合併成立了「立憲民政黨」，通稱民政黨，總裁為濱口雄幸。1929 年 7 月，民政黨的濱口雄幸內閣誕生。由於民政黨和政友會是處於對立的關係，所以人事任用也影響到了台灣總督府。因此，第 13 任總督石塚英藏和總務長官人見次郎取代了川村及河原田。

石塚是會津藩（福島縣）武士的兒子，出生於東京，東京帝大畢業後，直接進入內閣法制局。1898 年以敕任總督府參事官長的身分，與兒玉源太郎總督一起到台灣。「參事官長」制度只有在兒玉的時候才有，兒玉在初期為了牽制奔放不羈的後藤新平民政局長，有意把石塚一起配置到總督府的官僚裡。事實上，兒玉總督在赴任時，曾公開宣言：「後藤掌民政，石塚掌法制，我則掌軍政。」石塚也自認為高處三足鼎立之勢而頗感自負，但也時常由於石塚的自負，而傷了與後藤之間的感情（鶴見祐輔《後藤新平傳》台灣統治篇上，頁 60）。

石塚參事官長於 1902 年兼任總督府警務局長，並自翌年開始

擔任參事官長兼總務局長。一如往常，
石塚依然保持著台灣總督府裡第三把
交椅的地位。石塚於 1905 年先後藤新
平離開台灣，轉任關東都督府（遼東半島
南部）的民政長官。之後，後藤像是尾
追其後似的，不但到關東州赴任滿鐵
總裁，而且還自作主張，以敕令制定
關東都督府顧問制度，並且自任顧問。
如此一來，又要來牽制石塚了。

↑ 石塚英藏

在那之後，石塚又歷任了朝鮮總
督府農商工部長官，以及在朝鮮的日
本國策公司東洋拓殖株式會社的總裁，後來於 1929 年 7 月 30 日
被任命為台灣總督。

擔任總務長官的人見次郎出生於京都府的鄉下，1904 年畢業
於京都帝大英法科，1916 年，在當時任朝鮮總督府農商工部長官
的石塚之下任農務課長，而也就是由此機緣而能成為石塚的部下。
任職不久，人見就被石塚提拔為朝鮮總督府鐵道局長，待石塚就
任東洋拓殖株式會社總裁以後，人見又於 1919 年被聘為公司理事
之一。1929 年，石塚就任台灣總督的時候，民政黨的首席總務原
脩次郎曾推薦木下信為台灣總督府的總務長官，可是遭到石塚的拒
絕，堅持任用人見次郎。

霧社事件

可是石塚總督卻在 1931 年 1 月 16 日突然被免官，人見總務

長官也於翌日同樣被免官，任命這兩人的民政黨濱口內閣依然存在，並未解體，為何這兩人會被免官呢？這是由於發生了不僅限於台灣，而且也震撼了日本本國的霧社事件，兩人就是因此事件而引咎辭職的。

　　所謂的「霧社事件」，就是 1930 年 10 月在台中州霧社所發生的原住民反叛事件。10 月 27 日，霧社公學校裡舉行的小學、公學校聯合運動會，日本本國人和台灣人的學生及家長都參加了。就在此時，以日本國旗的升起為信號，大約 200 人的原住民蜂湧闖入會場，把在場的日本人幾乎都殺掉了。之後，又襲擊警察駐所及郡公所的霧社分室，甚至還襲擊職員的宿舍。在這一天的襲擊中，被殺的日本人共 134 人，平地的漢族系台灣人也死了 2 名，這是因

↑ 霧社事件紀念碑

↑ 霧社公學校

為那兩人穿了日本人的服裝而被誤殺。根據倖存者一致的證言，一看就知道是台灣人的，都沒有受害（拓務省，生駒高常〈霧社蕃騷擾事件調查復命書〉，收於《台灣霧社蜂起事件——研究と資料》（社會思想社），頁 309）。

　　事件的原因乃是原住民長年遭到總督府的討伐、處分，因而滋生怨恨。此外，原住民還經常遭到強制勞動、原住民的婦女被辱，以及地方官兵的傲慢統治等等，以致於爆發了此事件。

　　此一事件使總督府受到了很大的衝擊，原住民的日本教育普及率比平地漢族系的人還要高，總督府正沾沾自得地認為「教化的成績正大大提高中」的時候，卻發生了此事件。更甚者，曾被總督府認為是模範青年而任命為巡查，而且連名字都改為日本名的 Dakkis Noubin（花岡一郎）與 Dakkis Nawui（花岡二郎）二人都參加了

抗日行動。還有原住民蜂湧進入會場的時候，只殺害日本人，而嚴格的區分日本人與漢族系台灣人之別，對漢族系台灣人完全不加以殺害一事，似乎含有某種涵義。原住民雖然和漢族系住民有著長期抗爭的事實，可是到了此時，與漢族系人之間似乎已萌生出一種同是台灣人的共同意識吧！

　　根據筆者的友人 MY 氏所藏，台灣總督府警部桂長平於 1936 年所撰尚未公開的報告書（《領台後二於ケル蕃害事件》），另有三位受傷

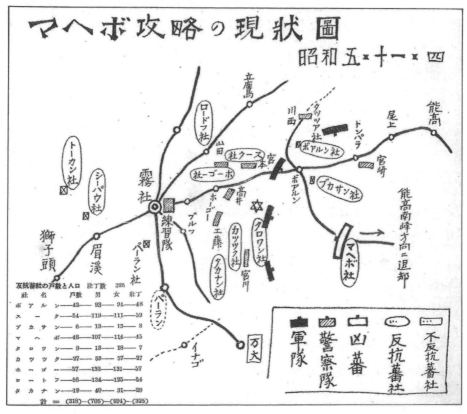

↑ 日軍馬赫坡攻占圖

的漢族系台灣人。其中的兩位，後來因傷而亡。另一位則因為被恙蟲咬，得病而死。如果這是事實，對霧社事件的解釋也就不見得需要修正。

台灣總督府一面向台灣軍司令官請求出動軍隊，一面又出動警察部隊。動員的軍隊以台中支隊長鎌田彌彥少將為司令官，集合各地的部隊 800 餘人組成一軍，從山砲隊到飛機全部出動，砲彈和瓦斯彈不斷的轟擊。飛機除了以機槍向地面掃射外，還空投了約 800 個左右的炸彈（大竹文輔《台灣航空發達史》，頁 233）。關於瓦斯彈的問題，日本政府當局的解釋是催淚瓦斯彈，可是也有人認為那是在國際上被禁止使用的毒瓦斯彈（山邊健太郎《台灣》第二卷，頁 xxxiii）。除了 800 多個軍人，警察出動 1,163 人，再加上腳伕 1,563 人，總計達 3,500 多人。

由於霧社事件也感染了附近的山地部落，為了要達到全面性鎮壓效果，到 11 月 20 日為止，共花費了 50 餘天。最初發動反抗的六部落之總人口數為 1,399 人，鎮壓過程中死了 276 人。殘留的生存者都被強制移居，分配到順從總督府的其他部落去，可是隔年的1931 年卻又發生了俗稱的「第二霧社事件」，此事件中有原住民210 人被殺。

霧社事件中，鎮壓部隊方面的死亡人數為軍人 22 人，警察 28人，腳伕等等 21 人，共計 71 人。等到此事件穩定下來，並在隔年 1 月 6 日公布了事件始末書以後，石塚總督等人也就辭職了。

此事件的領導者莫那‧魯道是馬赫坡 (Mahebo) 社的族長，事件失敗後自殺身亡。台灣總督府不顧念他的「武士情操」，而把他的遺骸做成標本，當作台北帝大醫學部學生的教材。當時處理霧社事

件的台灣總督府警務局理蕃課長森田俊介，於1976年公開發行《台灣霧社事件──眞相と背景》一書，該書雖然寫到「後日譚」，可是關於把遺體做成骸骨標本一事並未有明確的指出。

也許這並不是出自惡意，而是出自當時在台北帝大從事考古人類學的幾位日本人教授的創意。其中一位，死後也將自己的遺體奉獻日本某大學醫學部做標本。

第二節　台灣人的政治運動

林獻堂和台灣同化會

日本帝國在初期武官總督時代，把台灣人視為異民族，並以此為準則制定了殖民政策。日本政府一方面尊重台灣人的習慣和文化，一方面把台灣列為異法的地域，只選擇一些日本法令在台灣實施。在政治方面，台灣人沒有參政權，仕途幾乎都被閉鎖，社會差別也很明顯地存在著。台灣人和日本本國人結婚的話，婚姻是無法律效力的。在心理面、精神面上，日本政府強制台灣人屈辱地忍受著不平等的待遇。像這樣由異民族來實行差別統治，刺激了台灣人的民族意識，對台灣人意識的成長有很大的幫助。

武力抗日運動被總督府壓制，台灣人自身也很明白，想要仰賴武力來把外來統治者趕出去，的確是一件很困難的事。所以，有人認為應該尋求某些途徑以減輕台灣人所受的壓迫，才是明智之舉。

林本源庭園來青閣
（作籠員寫真光稿板）

↑ 板橋林家花園來青閣

林獻堂就在這種情況下登場了。

　　林獻堂生於 1881 年，是台中近郊霧峯林家的中心人物，林家是擁有 12 萬石收入的大地主，與台北近郊板橋的林本源家分庭抗禮。在此順便一提，板橋林本源家相當支持台灣總督府，林家的收入是 18 萬石，資產最興盛的時候曾達到 3,000 萬日圓（田川大吉郎《台灣訪問記》，白楊社，頁 24）。霧峯林家的一族也有像林朝棟這樣的人，志在抗日卻很早就亡命大陸，但是大部分的族人都捨不得離開故鄉而留在霧峯。

　　台灣總督府於 1902 年任命 22 歲的林獻堂為霧峯區長，事實

上，總督府一直都很留意有著強烈鄉土意識的林獻堂等人的動向，
《警察沿革誌》如此地描寫：

> 中部的台灣人上流社會，眾所皆知，在傳統上，其思
> 想的進步是要比台灣北部以及南部地區的人還要領先、優
> 秀的。而在那些人之中，有不少的人抱持著不可侮的見識
> 與抱負。他們的思想，可看成是代表著一般台灣人知識階
> 級的思想。因此，無可懷疑的，他們的一言一動也會帶給
> 本島 300 萬民心很大的暗示與共鳴。 （第二篇中卷，頁 12）

　　1913 年，林獻堂到北京訪問袁世凱政府的司法總長梁啓超，
並於歸途中順道到東京與板垣退助會談。抱持著「台灣人乃日中親
善之橋樑」信念的板垣，對於林獻堂控訴總督府壓迫台灣人之事深
表同情。1914 年，板垣接受林獻堂
的邀請到台灣視察，他認為台灣人
對政治、經濟、社會等方面所提出
的要求，乃是理所當然之事。板垣
是明治時期的元勛，而且是自由民
權運動的指導者。1900 年，他所屬
的憲政黨解體而與伊藤博文的政友
會合而為一，板垣趁此機會從政界
引退，到台灣的時候，他已經是 78
歲的高齡了。當時的內閣是第二次
大隈重信內閣，而板垣與大隈首相

↑ 板垣退助

是 16 年前一起組成「隈板內閣」（第一次大隈內閣）時的同志。大隈首相對於板垣所提議的，依照同化主義設立「台灣同化會」表示贊同。把台灣人同化成日本人一事，總督府雖執拗不爽也無可奈何的答應了。

1914 年 12 月，板垣在台灣集結了日本人和台灣人共同組成了「台灣同化會」。剛開始的時候，參加「台灣同化會」的台灣人和日本人之間存有同床異夢的情形。板垣等人是希望透過台灣人能同化為日本人，藉以提高台灣人的地位；可是對林獻堂等人來說，提高地位是終極目的，參加同化會只是想藉著同化之名逃避總督府方面之壓制的一種障眼法罷了。

由於那些認為差別待遇是理所當然的在台日人的妨礙，再加上板垣周遭的人亂搞一通，台灣同化會組成不到二個月後，就被總督府強制解散了。可是這個會的組成卻拉開了台灣人「合法運動」的序幕。

從啟發會到新民會

同化會的目標之一是想撤廢賦予總督立法權的「六三法」。六三法雖然已經在 1907 年改為「三一法」，之後於 1921 年又改為「法三號」，可是本質上一點也沒有改變。台灣人政治運動者總括上述之法令，稱之為「六三法」。六三法就是為了在與日本本國法制相異的台灣施行差別統治，而賦予總督擁有法律效力的律令制定權（參照第 5 章第 4 節立法權之項）。換句話說，台灣總督不但擁有行政的權力，同時還握有立法的權力。

針對此點，林獻堂於 1917 年上東京的時候，集結了東京台灣

人留學生，以撤廢六三法為目標組成了「啓發會」，並且親自出任
會長。當時正是世界各地民族主義（nationalism，那想那利斯文）高揚的時
期，剛上任的武官總督明石元二郎有鑑於當時的情勢，遂改變為以
同化主義做為對台的施政方針。

　　啓發會隨著台灣人留學生的增加而擴大，雖然曾因資金上的問
題而遭遇挫折，但是，1920 年，他們又以「新民會」之名重整旗
鼓，林獻堂再度出任會長。新民會設立了「台灣青年會」，一方面
做為他們的學生部，同時也當作是他們活動的一部分，9 月，新民
會與台灣青年會創立了共同機關雜誌《台灣青年》（月刊），《台灣
青年》是台灣人第一本以政治為目的的定期刊物。因雜誌刊登之內
容為日本當局所忌諱，故時常遭到內務省的查禁處分。雖然如此，
但還是不斷的繼續刊行。1922 年 4 月，改稱《台灣》，更於翌年
4 月改為漢文半月刊的新聞型態《台灣民報》，10 月，改為旬刊，
1925 年 7 月 12 日起發展為週刊，1927 年 8 月起把發行所遷移到
台灣。之後，1930 年 3 月改稱為《台灣新民報》（週刊），1932 年 4
月 15 日起發展為日刊報紙。這是日治時代，唯一由台灣人所辦的
新聞報，也是持續刊行最久的機關報。

　　新民會的幹部一面與日本的有識之士保持接觸，一面又和中華
民國或朝鮮的民族主義者（nationalist，那想那利斯多）相互聯繫提攜，並
且與中國大陸的北京、上海、廣東等地的台灣青年會，建立了台灣
人社團結成的基礎。新民會剛組成時的會員除了林獻堂以外，還有
蔡惠如、黃呈聰、蔡式穀、連雅堂、林呈祿、羅萬俥、郭國基、王
敏川、吳三連、劉明朝、陳炘、蔡培火、謝春木等人。此外，還可
在新民會會員名單上，看到爾後政治運動或各行各界出類拔萃人物

的名字。

台灣議會設置運動

當時，日本本國原敬內閣誕生，台灣總督也由武官改為文官就任，殖民地的統治政策也改為「內地延長主義」（同化主義），這個時候，新民會及台灣青年會的組成，對日本當局來說，實在是很諷刺的一件事。

他們以台灣與日本本國相異為前提，以台灣的獨自性為原則，要求設立台灣議會。法律仍然由日本帝國議會制定，但是他們主張鑑於台灣的特殊民情風俗，地方的立法應由台灣議會來制定。當然，他們所主張的地方立法，並不是由握有律令制定權的台灣總督來制定，而是由「台灣住民公選出來的議員所組成的台灣議會」來制定（「第一回台灣議會設置請願書」）。「台灣住民」指誰呢？按照葉榮鐘等人的解釋，那是指在台日本人、漢族系台灣人與平埔族系台灣人（葉等共著《台灣民族運動史》，頁112）。真正的原住民系台灣人卻被他們當作「生蕃」而竟然沒有包含在內！

表面上看來，這個運動本質上好像有了轉變。台灣同化會及六三法撤廢運動的口號是要把台灣置於與日本本國同一法制之下，而在促進台灣人日本化的同時，欲把台灣人的權利義務提升到與日本人同一地位。同化以後的結果，當然就是沒有所謂台灣人集團的獨自性，最後就是完完全全的大和民族化了。但是台灣議會設置運動的主旨乃是在「把台灣人當作是日本帝國臣民」的規定之下，欲保存台灣及台灣人的獨自性。

表面上的變化姑且不論，這個運動實際裡是怎麼一回事呢？參

加台灣同化會的台灣人之中，雖然也有人真正是想被同化的，可是加入新民會的人士，卻沒有人認為自己會被大和民族所同化。其實，所謂同化乃掩飾之詞，其目的是希望日本政府對台灣人鬆弛壓力、能放寬束縛，俾台人得減輕痛苦而已（《林獻堂先生紀念集》卷三追思錄，頁48）。當時，新民會雖然自限於日本帝國臣民的框框裡，但還是乘著民族主義的波瀾，大力提倡白話漢文運動，欲構築一個自己的台灣文化。爾後，從1921年開始到1934年為止，每年不斷地向日本帝國議會提出台灣議會設置請願書，在1924年時，曾提出2回，所以共計15回。在請願書上簽名的人數總共有18,528人，扣除參加數次的人，實際上是12,818人（《警察沿革誌》第二篇中卷，頁335）。

↑ 1924年，台灣議會設置請願運動幹部在台中市歡迎清瀨一郎（前排左）。

　　請願運動進行了兩年以後（1923年），以設立台灣議會為目標的
「台灣議會期成同盟會」在台灣成立，可是由於違反治安警察法而
遭檢舉，遂將此會移到可以舉行活動的東京，一直到1927年左右
為止，都是以同盟會之名發表聲明。在請願書上簽名的人，全部以
個人的名義參加，這是由於對日本政府所施的種種壓迫有所覺悟之
故。「第五回請願理由書」對壓迫的具體內容如此地敘述：「茲於
此舉二、三個例子，對現任公職的人以及在銀行、公司上班的人，
都馬上由其工作機關給與免職；與專賣事業有關者，馬上剝奪其特
權；與銀行的貸款有關者，馬上拒絕其金錢上的融通。」

　　貴族院議員渡邊暢、山脇玄，眾議院議員清瀨一郎、神田正雄
等人，對請願書之主旨頗感贊同，充當請願介紹人，可是台灣議會
的設置還是未能如願。殖民地統治當局很清楚的了解，如果允許設
立具有立法權與預算審核權的台灣議會的話，台灣就會變成一個獨
立的自治體，這點不只是殖民地統治當局，更是日本本國政府所恐

↑ 日治時期的協議會多與所屬地方政府合署辦公，圖為台北州協議會所在的台北州廳舍。

懂的。

總督府設置的評議會和協議會

日本政府為了避免民眾的不滿，1921年，在總督府設置了官選的「台灣總督府評議會」，以及在各州、市、街、庄的官廳單位設置官選的「協議會」。根據同年的「台灣總督府評議會官制」，總督府評議會的會長則由總督擔任，副會長是由總務長官擔任。「會員是由總督從台灣總督府內部的高等官中，以及在台灣居住而有學識經驗者中選賢任命」，「總督認為必要的時候，雖在任期中也得以解除任用」。在這種規制下，所組織而成的評議會，其會員包括官吏7名，在台日本人9名，台灣人9名，總共25名。爾後，到了1930年時，會員增加到40名。

可是，從一開始評議會就只是「歸屬台灣總督監督，並開申其諮詢所應之意見」，評議會並不是監督總督的，反而是被總督所監督的機構。連「建議權」也好不容易到1930年才賦予評議會。最初被任命為評議會員的台灣人是林熊徵（台北市）、顏雲年（基隆街）、李延禧（台北市）、簡阿牛（新竹州）、辜顯榮（台中市）、林獻堂（台中州）、許廷光（台南市）、黃欣（台南市）、藍高川（高雄州）等9名。

順便一提的，第二次世界大戰後，國民黨政權統治下的台灣，雖然成立了民選的台灣省議會，可是議會的權限僅止於建議權，與台灣總督府評議會的權限沒啥兩樣，並且一直實行至今。而且，現在台灣除了「省議會」的問題以外，還有以疊床架屋的方式，從1948年以來都未曾改選的「國會」問題。目前台灣人正展開「國會」全面改選運動，這彷彿是台灣總督府時代的議會設置運動戰略。

↑ 台灣文化協會成員合影

台灣文化協會的創立

↑ 蔣渭水

台灣人的政治運動，到了在台灣島內創立台灣文化協會的時候，才呈現出活潑的景象。出身宜蘭而在台北開業的蔣渭水醫師老早就從事文化活動，他看了第一回台灣議會設置請願運動以後，就深刻的感到有必要在台灣島內組織台灣民族運動的指導團體和台灣人的啓蒙團體，於是與林獻堂等人共同商議，於 1921 年設立了台灣文化

協會。

在創立總會之時，文化協會會員總共達 1,032 人。林獻堂被推選為總理，蔣渭水為常務理事，41 名理事全都是中產階級以上的人，或是知識份子。蔡培火、王敏川、陳逢源、蔡式穀、楊肇嘉等人都包括在內。

文化協會在「助長台灣文化的發展為目的」（會則第二條）的方針之下，於各地展開演講會的活動，得到了很大的反響。從 1923 年到 1926 年為止的 4 年間，共舉行了 798 次的演講會，聽眾達 295,981 人。從 1923 年開始，專以取締集會、結社及大眾運動為目的的治安警察法（1900 年公布）也實施於台灣，所以演講會屢次遭到干涉，曾被停止演講處分 87 次，集會解散處分 57 次。

文化協會積極支持議會設置運動，蔣渭水等一部分的幹部，還與受到共產主義者山川均薰陶的連溫卿，於 1922 年共同成立了政治運動研究團體——新台灣聯盟。此聯盟依照治安警察法的施行，提出結盟許可的申請，獲准成立。可是，到了 1930 年時，由於受到總督府的壓力，在形式上，算是自動解散、壽終正寢。前後總共存在了 8 年，這可以說是一個稀有的例子，或許是因為聯盟一直都沒有用聯盟的名義來從事政治運動吧！

1920 年代前半，可說是台灣人政治運動的草創期，此時期不論個人的意識型態（ideology）如何，只要是從事運動的人都能互相協力，可說是統一戰線的時代。

當時日本的知識份子對社會主義的興趣很濃，特別是 1921 年中國共產黨成立，翌年日本共產黨也相繼成立，台灣人政治運動者也受到影響，再加上無政府主義理論的出現，使人感到意識型態的

論爭正像盛開的花朵一般。可是意識型態的論爭並沒有馬上結束，
卻發展成路線鬥爭。

文化協會在不知不覺中分成了三派，一是共產主義的連溫卿
派，一是受辛亥革命影響的蔣渭水派，一是合法鬥爭型——台灣民
族運動的蔡培火派。到了 1926 年左右，鬥爭呈表面化，1927 年文
化協會終於分裂。鬥爭勝利的連溫卿派掌握主導權，蔣、蔡兩派經
過了「台政革新會」的過渡期之後，於 1927 年成立「台灣民黨」。
可是卻被日本當局以「不用『本島島民』或『本島人』等稱呼，反
而特地以『台灣人全體』自稱」，以及「對日本統治台灣一事顯示
出反抗的氣勢」（《警察沿革誌》第二篇中卷，頁 425〈本山警務局長聲明〉）的理
由而受到禁止的處分。

因此，蔣渭水等人把名稱改為「台灣民眾黨」，同時也改變綱
領，如此一來，在同年的 7 月，得到了組黨許可。台灣民眾黨到
1931 年被禁為止只有四年的壽命而已，卻是台灣史上「空前」的
合法「政黨」。台灣人被日本統治 32 年才誕生一個台灣人的政黨，
而在國民黨統治下，卻要等 42 年才有一個「民進黨」。

台灣共產黨

在以解放殖民地並達成世界革命為目標的第三國際 (Comintern)
之指令下，台灣共產黨於 1928 年在上海成立。其實「台灣共產黨」
與各國的共產黨一樣，並不是正式的名稱。從組織系統而言，應該
是「第三國際日本支部」的「台灣民族支部」，有義務遵守日共執
行委員會的指令。4 月 15 日結黨時，有林木順、翁澤生、林日高、
潘欽信、陳來旺、張茂良、謝雪紅等 7 人參加。此外，還有中國共

產黨的代表彭榮，朝鮮人共產主義者代表呂運亨 2 人列席。

　　台灣共產黨除了主張無產階級革命以外，還以「台灣民族的獨立」及「台灣共和國的建設」為綱領。這可能是由於第三國際支持台灣向日本所作的武力抵抗，以及從新民會開始到台灣文化協會成立這一段期間的一連串民族運動，給與正面評價之故吧！

　　台灣共產黨的本部設在台灣，東京設特別支部，並且派遣幹部駐在上海。台共並欲謀求與現地台灣人團體的關係緊密化，不久也變得必須接受中國共產黨方面所下的指令，台共可說是同時接受中共和日共所下的指令。可是後來根據謝雪紅的供述，由於聯絡上的不足，以致於台共與日共、中共兩黨間的關係似乎並沒有那麼密切（《警察沿革誌》第二篇中卷，頁 682）。但是，這也可能是由於日共受制於日本政府的取締左派運動，在 1925 年發佈治安維持法（同年在台灣也一起實施），以及中共在 1928 年時，陷於蔣介石的上海反共武力政變事件，日中兩黨無論哪一方都陷於苦難中，導致與台共未能取得密切聯繫。

　　台灣方面在台灣文化協會的影響下，從 1925 年左右，已開始在各地成立農民組合，而且時常發生農民爭議。1927 年，轉變為左派組織的台灣文化協會，對勞工運動也投入了不少力量，勞工方面的爭議也時常發生。像這麼一個左派台灣文化協會的存在，實在是台灣共產黨發展的溫床。可是雖然說是左派的台灣文化協會，但是由蔡禎祥、謝有丁等人組成了黑色青年聯盟（1926 年）以來，這些無政府主義者也在文化協會裡面占了不小的地盤，所以自然而然的發展成無政府主義者與台共的鬥爭了。

　　另一方面，在東京的台灣青年會也發生了內部鬥爭，其結果是

傾向台灣共產黨的一些人士從青年會分裂出來，另組「台灣學術研究會」。之後，到了 1931 年的時候，台灣共產黨便完全的把台灣文化協會納入自己的羽翼下。

鎮壓政治運動

與「左轉」的台灣文化協會分道揚鑣的台灣民眾黨，其中一部分幹部仍未放棄農民、勞工運動。特別是身為中心幹部的蔣渭水，為了發展全民運動，努力集結勞工、農民，企圖使全民運動能與階級鬥爭路線並行發展。在 1927 年的階段裡，蔣渭水這批人受到 21 個勞動組合與兩個農民組合的支持，也因為這樣，民眾黨和台灣文化協會、共產黨之間的摩擦未曾中斷。

↑ 1928 年，台灣工友總聯盟在台北市蓬萊閣舉行成立大會。

↑ 台灣地方自治聯盟與日本友人合影，攝於 1937 年前。

　　同時，由於治安維持法實施得很緊，林獻堂、蔡培火、楊肇嘉
等人深感民眾黨將來的危機，遂採取了自認會得到總督府認可的穩
健性運動方針。林獻堂等人於 1930 年從民眾黨分出，另組織「台
灣地方自治聯盟」，此聯盟是欲謀求透過自治制度的改革而提高台
灣人的地位。

　　1931 年，在滿洲事變（九一八事變）前後所捲起的治安維持法風
潮裡，民眾黨於 2 月被禁，6 月，台灣共產黨員一起被檢舉，更於
年末的時候，台灣文化協會的幹部也遭受檢舉。如此一來，這些組
織就在台灣的地面上消失了。台灣共產黨的殘餘份子皆逃往大陸，
並藉著「上海台灣反帝同盟」、「廈門反帝同盟台灣分盟」等組織，
從事一些細微不彰的活動。

　　和左派團體比較起來顯得較穩健的台灣議會設置運動，也在中

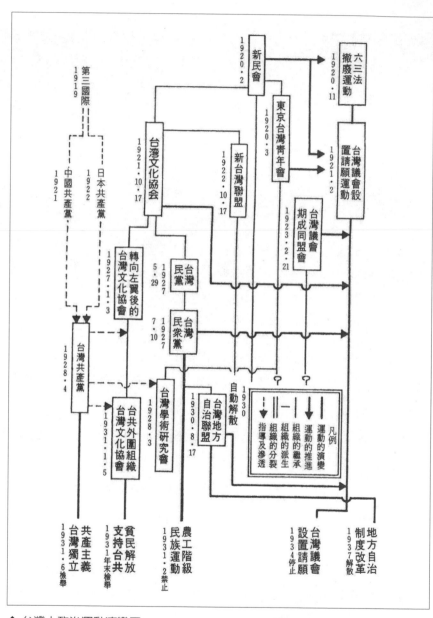

↑ 台灣人政治運動演變圖

川總督的壓力下，於 1934 年中止活動。而比上述任何團體都更穩
健的台灣地方自治聯盟，也因中日戰爭的爆發，幹部們深感危機
重重，遂於 1937 年 8 月自動解散了。台灣人政治運動的演變見頁
152。

第三節　滿洲事變後的總督

太田、南總督

　　第 14 任的總督太田政弘是 1871 年出生於山形縣，1898 年畢
業於東京帝大法科後，進入內務省。1921 年就任警保局長。1913
年以後，歷任福島、石川、熊本、新潟的縣知事。1924 年轉任警
視總監，1926 年任貴族院議員，1929
年任關東長官（遼東半島關東廳的主管），
1931 年 1 月被任命為台灣總督。就黨
派上來說，與前任總督一樣，同屬於濱
口雄幸內閣的民政黨人事任命。

　　太田任內始終缺乏一位得力的總務
長官來協助他，總務長官雖然是屬於敕
任官，可是任命的時候還是得尊重總督
的意見。因此可以說，太田對於總務長
官的選擇是太沒眼光了。

↑ 太田政弘

　　最初的總務長官是高橋守雄，高橋只在任了 3 個月，就因為弄到了警視總監（在當時是屬自由任用的政務官）的職位而辭掉了總務長官。

　　第 2 任總務長官是從鳥取縣知事，到 1924 年時任台灣總督府內務局長，然後進入昭和時代後，再任長崎縣知事的木下信。木下總務長官有很強烈的黨派觀念，殖產局長殖田俊吉及警務局長井上英等人對這位總務長官也很反感。於是等到政友會的犬養毅內閣出現的時候，木下就被免職了。

　　第 3 任總務長官平塚廣義與太田總督屬於不同黨派的，此人乃是由犬養內閣強制安插進去的。

　　太田的任期才僅僅 13 個月，這段期間，中央政局也呈現出激烈的變動。首先是 1930 年 11 月，遭到右翼份子狙擊的濱口雄幸首相傷勢惡化，1931 年 4 月辭去首相及民政黨總裁之職（濱口雄幸於

↑　「柳條湖事件」日軍栽贓東北軍所使用的所謂「物證」：幾頂東北軍的帽子、一支步槍、兩根被炸的枕木。

同年 8 月去世），該政黨的若槻禮次郎繼其後成
立了第二次若槻內閣。但是在 9 月 18 日的
時候，爆發了柳條湖事件（即奉天郊外柳條溝的南
滿洲鐵道爆破事件），並且擴大演變成滿洲事變，
若槻首相受昭和天皇的責備，內閣於 12 月
總辭。代之而起的政權是政友會的犬養毅內
閣，犬養內閣於次年 1932 年 1 月，首先把
帶有強烈民政黨色彩的木下總務長官免職，
並任命平塚廣義接任其職。民政黨系的太田
總督也難逃厄運，同年 3 月被南弘接替其位。

↑ 南弘

第 15 任總督南弘於 1869 年出生於富山縣，舊姓是岩間。
1896 年畢業於東京帝大政治科，曾歷任內閣書記官、福岡縣知事
及第一、第二次西園寺公望內閣書記官長。他隸屬於政友會系，
1921 年任貴族院議員。1918 年在原敬內閣擔任文部次官，1932
年 3 月被犬養毅內閣任命為台灣總督。南弘就任總督的時候，平塚
總務長官才剛於一個半月前就職，與南總督一樣都是出自犬養內閣
所任命，所以平塚也就繼續留任了。

在中央方面，犬養毅首相卻在 1932 年的五‧一五事件裡，被
青年軍官射殺身亡，內閣於當日總辭，政黨政治走向衰微之途。因
此，大體上來說，1918 年的原敬內閣以後所持續的「大正民主期」
政黨內閣已宣告結束了。南總督雖然是年輕得志，可是在大正時代
並未得到什麼顯要的職位，一直到 1932 年時，才被任命為台灣總
督。南總督才就任三個月就自動辭職，到齋藤實內閣就任遞相。可
能是他一直想要有當大臣的經驗吧！這也是他唯一的閣僚經驗。短

期間就辭掉總督職位的南總督，受到在台日本人的蔑視，認為他是一個獵官主義者。

出色的搭檔——中川總督和平塚長官

↑ 中川健藏

以犬養毅首相被暗殺為契機，日本帝國的軍國主義色彩更進一步加深了，政黨內閣要等到第二次大戰結束後才有復活的機會。齋藤內閣以後到大戰結束為止的 13 個內閣中，文人首相只有廣田弘毅、平沼騏一郎以及組了三次內閣的近衛文麿三人而已，而且所有的內閣不是官僚內閣就是軍人內閣，像以前以政黨為基準任用高官的型態也就消失了。

在這種情勢之下，被任命為第 16 任台灣總督的是中川健藏。中川和當時已在總督府就任總務長官的平塚，兩人都曾有過擔任東京府知事的經驗，但平塚的府知事資歷卻比中川還要早。

平塚總務長官 1875 年出生於山形縣，1902 年東京帝大政治科畢業，高等文官考試及格之後，進入內務省，歷任福井縣參事官，栃木、兵庫縣知事，從 1925 年到 1929 年就任東京府知事，1932 年轉任台灣總督府總務長官（資料來源：東京都廳都民資料室）。

另外，中川總督是於 1875 年在新潟出生，1902 年畢業於東京帝大法科，高等文官考試及格，歷任北海道事務官、法制局參事官、殖民地主管機關的拓殖局書記官、遞信省通信局長、熊本縣知事、北海道長官，並於 1929 年繼平塚之後就任東京府知事（資料來源：東

京都廳）。同年轉任濱口雄幸內閣的文部省次官，1932年就任台灣總督。

中川與平塚雖然是同期生，可是中川到台灣就任總督成了平塚的頂頭上司。而且中川是民政黨系，平塚卻是政友會系，照一般的常識來說，兩人聯手行政應該是很尷尬滯澀的。可是令人意想不到的，中川和平塚兩人合作無間，行政處理圓滿，到1936年為止，共合作了4年多的時間，最後兩人也同時辭去了總督府之職。

這或許是兩人的性格相合也說不定，但也有可能是由於滿洲事變以後的政情，再也不容許黨派傾軋的氣氛吧！爾後的中川被敕選為貴族院議員，更於1940年出任大日本航空公司總裁。

第四節　文官總督統治的實況

同化政策

前期的武官總督過渡到文官總督，這種變化，因武將與文官外觀上的不同，容易使人認為政策有由剛而軟的轉變。

此時正逢「大正民主期」，政府從藩閥、官僚內閣過渡到政黨內閣，還有台灣的武力抗日事件也漸漸消聲匿跡，這些情勢的相繼而來，使人強烈的感覺殖民政策將會由剛轉柔。其實，總督制的殖民地統治結構，並無太大的改變。

日本帝國雖然採取了同化政策，可是西歐殖民諸國則未必如

此。西歐的情況是殖民地的人幾乎都是異民族而且是異人種，而日本帝國的殖民地的人就算是異民族，可是卻是同人種而且還同屬漢文化圈，這可能是促使日本帝國採取同化政策的原因。

日本的情況，其所採的同化政策是沿襲著日本民族主義的思想系統，基本上它是屬於非西歐型的民族主義。根據東京大學平野健一郎教授的觀察，西歐型的民族主義是從羅馬帝國分離出來時，在「異化」的過程中所產生出來的一種主義。相對的，包括亞洲在內的非西歐地域之民族主義，乃是一種採取所謂統合更多的人民、地域的「同化」過程（衛藤瀋吉等《國際關係論》上卷，東京大學出版會，頁115）。

因此從文官總督時代可明顯的看出，在台灣及朝鮮施行的同化政策，與前述的民族主義運動法則是互相一致的。想要同化異民族──殖民地人民的話，「教化」是當然必須作的事。在這個過程中，把殖民地人民的地位提高之事，也是不容忽略的，縱然事有緩急之別，卻是不可避免的。

內地人與台灣人融合的政策

台灣進入文官總督時代以後，除了廢止笞刑以外，還推展「日台人融合策」、「台灣人的政治參加」等政策。這可從教育的擴充，內地人、台灣人的共學，內台婚姻的「合法化」以及法域一元化的試行上看出。

文官總督時代所作的擴充教育之成果，與進入這個時代以前的成果，我們試從數字上來作比較。如表5所示，文官總督時代創立了大學；在專門教育方面，學校數及學生數都增加了四倍；中等教

育的學生數增加了六倍多；小、公學校的學生數則增加了三倍。

　　初等普通教育與以前相同，小學校是日本人子弟所進的學校，公學校則是台灣人子弟所進的學校。可是從 1919 年開始，做了一種例外的措施：在某條件之下不管是日本人、台灣人的子弟皆可進入小、公學校。根據 1922 年所公布的台灣教育令（敕令第二〇號）規定：「常用國語者，可入小學校，不常用國語者應入公學校。」在形式上是依照入學者的國語（日本話）能力來決定應入之學校。

　　關於日本本國法令在殖民地施行之事，武官總督時代末期的 1918 年，已在台灣實行了「共通法」（第三條有關殖民地人民的認養法規除外）。所謂「共通法」是指日本本國以及殖民地一律施行的法律。而從 1923 年元旦開始，除了若干特例以外，民法、商法、民事訴訟法、民法施行法、商法施行法、人事訴訟手續法等等法令皆在台灣實施了。以前禁止全部由台灣人股東所組成的株式會社之設立（1912年台灣總督府令第一六號），現在由於施行民法，設立就成為可能了。但是在憲法的全面適用及刑法的一元化始終未曾實現。

　　日本本國人和外國人的婚姻雖然被日本政府所承認，但是有關本國人和殖民地人民的婚姻及認養問題，在法律上是無效的，此狀況一直持續很久。好不容易到了 1920 年的 8 月，田健治郎總督才發出以下之通告：「日本人和台灣人之間的婚姻及認養申請，自今開始受理。」可是這僅是在台灣的行政措置而已，在日本的國法上沒什麼效力，因此 1921 年修訂戶籍法。

　　根據這修訂，日本人與殖民地人的婚姻及認養問題，被認為應該是可以完全合法化，可是修訂後所附的規則是「本法施行的日期，由敕令所定」。由於所謂的「敕令」一直都未公布，在台灣雖

然採取了權宜措施，可是此問題卻都是處於模糊不清的狀態中。

　　1932 年，發佈了昭和 7 年律令第二號「有關本島人戶籍之要件」，而且從翌年 3 月開始實施。但是，這並不是說，日本人和台灣人之間的婚姻、認養問題，普遍的受到承認。

表 5：台灣教育的擴充

年度	項目		學校別	年度	項目		學校別
	校數		學生數		校數		學生數
1918年	0	0	大學	1935年	1	114	大學
	1	252	專門學校		4	976	專門學校
	4	1,843	中學校		24	12,241	中學校
	2	909	師範學校		4	1,379	師範學校
	3	393	職業學校		46	5,552	職業學校
	541	128,436	小、公學校		917	407,449	小、公學校
	19	1,706	其他學校		23	4,457	其他學校

●根據《台灣省 51 年來統計提要》頁 1211-1213 作成。

　　只不過是根據該律令「有關本島人的戶籍問題暫由台灣總督自行決定」的條文，總督恣意裁定的結果，會受到法律上的承認而已。

　　還有在 1933 年，雖然實施了昭和 7 年敕令第三六○號有關認養方面的規定，可是日本人和台灣人之間的認養關係，並未受到全面性的承認。該敕令的內容如下：

　　　日本人男子除了沒有陸海軍兵籍，或已經沒有服兵役義務的人以外，不能入籍台灣。但是對於經過徵兵終結處分而有第二國民兵役[2]的人，由於認養而入籍台灣者不在此限。

由於只有日本本國人才有兵役義務，所以才會有這麼複雜的規定。但是除了這件事以外，從 1933 年開始，婚姻及認養也具有法律的效力。

改正地方制度

在前期武官總督時代的 1896 年，設立了「台灣總督府評議會」，其權限是議決台灣總督制定的律令，就預算決算、重大土木工程設計、人民請願等總督所提出的諮詢事項，提供意見。評議會的權限可以說是小得可憐，而且任「評議會員」的，只限於總督府的高級官僚。1907 年設立了「律令議會」，此議會的職務僅限於律令的審議，「會員」一如往昔僅限於高級官僚。進入文官總督時代以後，1921 年重新設立了一個同樣名稱的「台灣總督府評議會」，此評議會不再僅限於在台的日本人，台灣人也可以擔任「評議會員」，但是全部評議會員都是由總督所任命。

在這之前，1920 年實施了地方制度改正，廢除以前的「廳」而設立「州」，「州」相當於日本的「縣」，「州」所包含不到的地域才設置「廳」，「州」之下設「市」，「州」、「廳」之下設「街」、「庄」，「州」、「廳」和「街」、「庄」之間設「郡」。

---

❷ 1933 年時的兵役分為常備役 (現役與預備役)、後備役、補充兵役 (第一補充兵役與第二補充兵役)、第一國民兵役、第二國民兵役。日本男子滿 20 歲 (1943 年改為 19 歲) 就有接受徵兵身體檢查之義務，陸軍的現役是 2 年、海軍 3 年。現役退役後依次轉入預備役、後備役、補充兵役、第一國民兵役，一直到 40 歲 (1943 年改為 45 歲) 為止。而所謂「第二國民兵役」就是滿 17 歲至 45 歲的男子，不在這些兵役服務中的男性該服的兵役，也可以說不大中用的人。這種男性才可以進入台灣人的戶籍。

從前屬於廳補助機關的支廳總共有 86 個，如今全部廢止而統合成四十六個「郡」。還有以前大都由警察擔任的支廳長以下之地方官吏，也都換成一般的文官來擔任。並且新設立了「市尹」、「郡守」。州知事屬敕任（簡任）官，市尹屬奏任（薦任）官，而街、庄長則為奏任待遇或是判任（委任）待遇。

行政區的規劃，州有州制、市有市制、街庄則有街庄制。每一個都以公共團體之名義獲得法人資格，但是「郡」因為沒有「郡制」而好像得不到法人資格。除了郡以外，各級行政區都設有「協議會」，各個協議會的「協議會員」雖然都是民間人士（包含日本人與台灣人），但那也是官方遴選出來的。州協議會員由台灣總督任命，市協議會員由州知事任命，而街、庄協議會員則由州知事或廳長任命。各項協議會員的民選，是在 1935 年以後才開始實施的。

1935 年實施市制、街庄制的改革，市設置議決機構「市會」，街、庄和以往一樣，保留諮詢的機構「協議會」。同年實施選舉，在市議會員，街、庄協議會員之中，各半數是由州知事遴選之，半數則由民選選出。它是以限制選舉方式實施選舉，選舉權與被選舉權的資格相同，必須符合下列條件：(a)身為日本帝國臣民者、(b)年滿 25 歲以上、(c)男性、(d)營獨立之生計者、(e)在該市、街、庄住滿 6 個月以上之住民、(f)市、街、庄稅，年額納付 5 日圓以上者。

同年 11 月 22 日，全島一起實施的選舉，乃是台灣史上最初之政治參與的選舉。由於是限制選舉，有選舉權者的數目少，所以投票率達到了 95.9%。當選者的比例，在市會，日本人占了 51%，台灣人占了 49%，街、庄協議會由於日本人居住者較少，所以只占 8%，台灣人則占了 92%。

州制也於 1935 年改正，並設立了「州會」，可是要成為州會議員，非得是市會議員或街、庄協議會員不可。州會議員的半數是由台灣總督任命，其餘的半數由市會議員及街、庄協議會員以間接選舉的方式選出。

無實質的地方自治

如此，雖勉勉強強地也於 1935 年開始施行「地方自治」，可是還是受到了種種限制。

街、庄協議會還是一如往昔，依然是個諮詢機構，未曾改變。

州會和市會雖然都是議決機構，可是除此之外，還各設置了可說是第二個議決機構的「州參事會」及「市參事會」。州參事會及市參事會的會員，是由州會或市會的議員中，各互選出 6 名「名譽會員」。而州參事會，則再加入州知事和州內務部長為「會員」；市參事會，則再加入市尹及助役（副手，略似副市長）為「會員」。此第二議決機構由少數人數組成，代替了州會及市會。

州知事兼任州會及州參事會的議長，市尹兼任市會及市參事會的議長，街、庄長各兼任街、庄協議會的議長。換句話說，行政機關首長兼任「議會」的議長。

各級「議會」對所對應的行政機關首長不能罷免，也不能做不信任的決議，相反的，台灣總督可以命令各級的「議會」即刻解散。

總督可以定個日期命令州會停會，州知事也可以定個日期命令市會停會，廳長，還有郡守也可以定個日期命令街、庄協議會停會。

不僅如此，州知事可以請求總督的指揮，直接取消州會及州參事會的決議案，甚至也可以請總督取消其選舉。市尹也可以請求州

知事的指揮，對市會及市參事會採取同樣的措施。

在台灣設置了州會、市會之事乃是值得評價的。可是將其視為「地方自治」的話，是沒有什麼實質意義的。

關於參與日本本國國政一事，從來殖民地的人民都被置之度外，但在 1932 年時，朝鮮的朴泳孝被敕選為貴族院議員，成為殖民地人擔任議員的開端後，1934 年又敕選台灣的辜顯榮為貴族院議員（辜於 1937 年）。辜顯榮生前把日本軍引入台北城之後，又為總督府效犬馬之勞，所以日本政府敘他勳三等。這是一個很特異的例子，而且也只限於他一人被任命而已，所以在文官總督時代，台灣人參與國政之道也是緊緊地閉鎖著。

台灣人官僚的起用

在台灣人官僚的任用方面，畢業於東京帝大政治科的劉明朝於 1923 年被任命為「總督府屬」，好不容易誕生了一位台灣人官僚。「屬」就是官廳的判任文官之意。同年，劉明朝通過高等文官考試，歷任專賣局翻譯官、地方理事官、新竹州勸業課長，最終官歷是高雄稅關長。

高等官任用的原則是必須通過高等文官考試，台灣人第一個合格者是劉明朝，此後，合格人數年年增加。例如劉茂雲（行政，台南州勸業課長）、呂阿墉（行政、司法，東京地方裁判所司法官）、朱昭陽（行政、司法，大藏省）、周耀星（行政、司法，鐵道省）、陳茂源（司法，東京地方裁判所）、林德欽（行政，東京府書記）、黃添祿（行政，大藏省屬）、劉萬（總督府稅關）、黃炎生（行政、司法，東京地方裁判所司法官補）、饒維岳（司法，台中地方裁判所判官）、杜新春（司法，裁判官）等人，特別是李讚生，他是第一位擔任

郡守的台灣人。

　　但是通過高等文官考試的人，在制度上不一定就絕對的會被任
用。日本人如此，台灣人更是如此。例如通過司法科考試的王清佐、
蔡先於、施炳訓、白福順、黃演渥、張風讜、吳文中等人到底有沒
有被任命官職，難以得知。

　　縱然被任了官，也有像蔡伯汾這樣的，升為大阪地方裁判所判
事之後就轉任律師；不然就像蔡伯毅那樣，被任命為第一位台灣人
警部，恐怕也是唯一的台灣人警部，可是他卻辭職轉為路邊的「算
命仙」。很多通過司法科考試的人都轉任律師行業，那時的律師並
沒有像現在這麼受人尊敬（劉克明《台灣今古談》，頁 130 以後）。

　　雖說高等文官考試合格是高等官任用的條件，但是這畢竟也只
是個原則而已。從判任官的升遷來說，如果是日本人就能有所通
融，升遷的速度也大大不同。例如森田俊介是晚劉明朝二期的東京
帝大後輩生，在高等文官考試上也是晚劉明朝一期的及格者，可是
他被派任到台灣總督府之後就一直升官，曾歷任台中州大屯郡守、
台北州警務課長、總督府理蕃課長、台北州內務部長，並於 1941
年任台中州知事，1944 年升任總督府文教局長（森田俊介《內台五十年》，
頁 185)。

　　總之，文官總督時代的台灣，並不因為總督由文官來擔任就有
較突出的業績。在經濟、社會方面的建設，都是照著以前所籌劃建
設的路線繼續推展而已。文官總督時代，隨著政黨內閣的進退而更
迭總督府人事，與日本內地的政爭、人脈及金脈間的結合，毋寧日
益突顯，猶如星新一在描述星製藥公司興亡的《人民は弱し、官吏
は強し》（文藝春秋社）一書中所描寫的弱民、強官一樣。此時期對台

灣人政治運動的鎮壓，也和在這之前對武力抗日運動的鎮壓一樣，在本質上並沒有什麼差別，所謂的「大正民主期」是與台灣人無緣的。

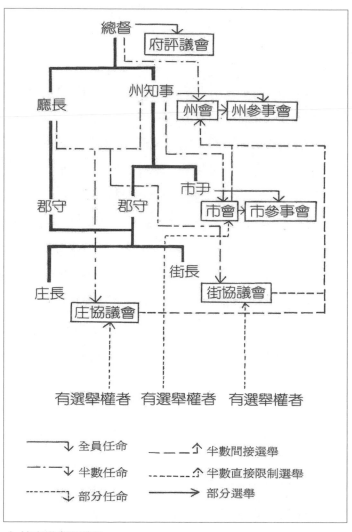

↑ 地方議會配置圖

第四章 後期武官總督時代

第一節　戰爭下的台灣總督府

　　中、日關係從滿洲事變（即九一八事變）邁向滿洲建國過程中，一路下來，一直走向惡化之途，日本的國際關係也日漸呈現險況。在這種時局之下，台灣總督之任命對象又從文官移轉到武官。

　　從小林躋造開始的後期武官總督，到日本戰敗為止共歷經 3 任，其在職期間大約是 9 年。

海軍預備役大將小林總督

　　第 17 任總督小林躋造 1877 年生於廣島的早川氏家，之後成為小林氏的養子。1898 年畢業於海軍兵學校，並入海軍大學深造，畢業後被派駐英、美。倫敦裁軍會議時，他正擔任海軍次官。1931 年就任聯合艦隊司令長官，1933 年晉升海軍大將，1936 年 2 月 26 日，陸軍的一部分青年軍官為了實現激烈的國家主義政策，發動政變，殺害內相、藏相、教育總監等人。次日東京戒嚴，29 日平定。事後，小林大將被認為在「二・二六事件」中不無責任而被編入預備役。小林是曾擔任

↑ 小林躋造

首相兩次的海軍大將山本權兵衛的左右手。在當時的時局，台灣乃是日本南進政策及大陸政策的基地，所以更加深了台灣做為軍事基地的重要性，日本政府當局遂起用了小林躋造。

表 6：後期武官總督表

任	總督	在職期間	年齡	出身	軍籍	總務長官	在職期間	軍司令官	在職期間
17	小林躋造	1936.9.2	60	廣島	預備役海軍大將	森岡二朗	1936.9.2		
								古莊幹郎	1937.8.1
								兒玉友雄	1937.9.8
								牛島實常	1939.8.1
18	長谷川清	1940.11.27	57	福井	海軍大將	齋藤樹	1940.11.27	本間雅晴	1940.12.15
								安藤利吉	1942.4.13
19	安藤利吉	1944.12.30	60	宮城	陸軍大將	成田一郎	1945.1.6	（十方面軍）	1944.9.22

● 安藤於 1946 年 4 月 19 日自殺。台灣總督府官制於 1946 年 5 月 31 日廢止，總督府諸官員不用「辭令」，而是「自然退官」。

　　小林雖然有相當的背景，但他能被起用，相傳是由於當時的海軍次官長谷川清海軍中將的奔走，而得到內閣的了解之故（伊藤金次郎《台灣欺かざるの記》，頁66）。

　　與他同時就任的總務長官森岡二朗是個作風與眾不同的人，他也是日本職業棒球界裡的功勞者之一，被任命為總務長官之前，是

「大東京軍」棒球隊的董事兼副會長。森岡 1886 年生於奈良縣，
1911 年畢業於東京帝大法科。歷任島根、青森、茨城、栃木等縣
的知事，並曾任朝鮮總督府警務局長、內務省警保局長，1936 年
被任命為台灣總督府總務長官。

以往，武官總督總是把民政方面的事務全權交給民政長官去處
理。這位預備役海軍大將的小林總督也不例外，小事一概不過問。
可是，應該成為小林總督得力助手的森岡長官，卻是一個很糟糕的
人物。一年有 15 萬日圓的總督機密費，大部分都被森岡長官花掉
了。在塩水港製糖事件中，森岡也被指責為貪汙，在台日本人之間
對森岡的批評非常的惡劣（山上北雷《半世紀の台灣》，頁 272）。

台灣在小林、森岡的治理下，迎接中日戰爭的到來以及「皇民
化運動」的加強。這兩人聯手治理的期間很長，雖然中央政府經過
了廣田弘毅、林銑十郎、第一次近衛文麿、平沼騏一郎、阿部信行、
米內光政等內閣的頻頻更換，可是他們兩人還是穩坐其位，好不容
易的到了第二次近衛內閣成立時才解任。小林在日後曾提到他所以
辭職的原因，一方面是任期太長不勝疲勞，另一方面是他反對近衛
內閣的內政（大政翼贊會的設立。該會是 1940 年，由近衛內閣創立的統制日本國民
的核心機關。它是個中央政府的御用組織，透過官僚緊緊地控制國民）和外交（日、德、
意三國同盟）所致（伊藤、野村編《小林躋造覺書》，頁 80）。

中日戰爭的影響

1937 年 7 月 7 日的蘆溝橋事變，拉開了中日戰爭的序幕，它
是一場未經宣戰即開戰的戰爭。日本沒有對中華民國發出任何宣戰
通告，而蔣政權也是等到太平洋戰爭爆發（1941 年 12 月 8 日）的翌日，

才正式向日本宣戰。

雖然沒有任何宣戰通告，但兩國間實際的交戰，應當可視為戰爭已開始了吧！況且，此次事件與滿洲事變完全不同，它是一場真真正正的全面性戰爭，同時對台灣人來說，這場戰爭是具有雙重意義的。就中國大陸而言，大半台灣人的祖先，都是從那裏移居台灣的。在這場戰爭中，台灣人到底應為哪一方效勞呢？從另外一面來說，日本帝國難道不會因這場戰爭而敵視台灣人嗎？……當時台灣人可說是被置處於兩難的困境。

有一部分的台灣人，對於必須把大陸的漢人視為敵人而與之戰鬥，感到心痛。可是另一方面，也有部分的台灣人認為「我們是被他們捨棄而割讓給日本的」，乾脆站在日本這一邊。

滿洲事變前後，受到日本的政治鎮壓而逃往中國大陸的台灣人政治運動者，有一部分投奔中國共產黨，也有一部分投奔蔣介石，繼續與日軍戰鬥。這些人的共同信念就是，除非打敗日本帝國，否則台灣是得不到解放的。但是，並不是全部的台灣人政治運動者都抱持如此的想法。例如林呈祿等人認為台灣已被「祖國」捨棄了，台灣人必須協助日本帝國，來謀求台灣人地位的提高。

除了這些四處奔走的「有識者」之外，台灣的一般大眾大都隨波逐流，委身大勢。「戰爭是中日之間的事，與我們無關」，也許就是一般台灣人的心態吧！

可是，隨著戰爭而起的，就是課徵軍事費的分擔，各種各樣的重擔壓到每個台灣人的肩上。從 1937 年開始，除了課徵「支那事變特別稅」外，翌年又再加上紅利配當稅、通行稅、入場稅、物品稅等，並於 1939 年再追加建築稅及娛樂稅。當然，以前的租稅也

被加徵了。以 1936 年台灣總督府的歲出 1 億 3,394 萬日圓為基準
的話，1937 年變成 1.2 倍，1939 年變成 1.6 倍，1941 年更變成 2.2
倍，達 2 億 8,971 萬日圓（《台灣年鑑》1944 年版，頁 188）。

　　日常生活方面，實行物資管制與配給消費管制，生活上變得捉
襟見肘。這種情況在日本本國也是同樣，並不是僅對台灣實行榨取
和差別待遇，所以似乎沒有發生什麼大的不滿。

　　戰火並沒有直接波及台灣，戰災也只僅僅一次而已。1939 年 5
月，從中國飛來一架中華民國重慶國民政府的軍機，對松山機場及
竹東街郊外的台灣礦業宿舍進行轟炸，造成兩人死亡、數人受傷的
事件。也就只有這麼一次，所以雖然說是「戰爭」爆發了，可是卻
沒有什麼強烈的緊張感。當時正是第二次國共合作的期間，空襲台
灣的中華民國軍機，是第三國際所派的蘇聯人駕駛的軍機。

日本帝國的爪牙和軍伕

　　台灣人去中國的時候，理所當然拿的是日本帝國的護照（從日本
本土轉道滿洲，則不必拿護照）。由於到大陸的台灣人有「日本帝國臣民」
的身分，所以在中國從事商業活動，可以得到很多便宜。中日戰爭
爆發以前，就已經有很多台灣人到中國去了。

　　那些到大陸去的台灣人當中，也有人憑著日本帝國的「虎威」
而謀到要職的。1932 年日本建立滿洲國（1934 年，改名滿洲帝國），
1935 年於河北成立「冀東防共自治政府」，然後 1938 年於北京成
立「中華民國臨時政府」，1940 年汪兆銘（汪精衛）組成「中華民國
國民政府」（南京政府）等等。一碰到與日本帝國有關的政權樹立時，
擁有所謂「漢族出身之日本帝國臣民」特殊背景的台灣人，就被視

為「日中的橋樑」，有一些人被採用為中堅官僚。比如說，謝介石成為滿洲帝國的外交部大臣；也有利用治療滿洲帝國要人痔疾的機緣，當上滿洲國憲兵大佐的，如台南州北門郡郭某的例子。以北京為首都而站在日本這一邊的「中華民國臨時政府」裡，也有一些台灣人身居要職，例如治安軍司令黃南鵬、財政科長謝廉清及天津警務局秘書長張銀樂。此外，廈門市長秘書長張冠書，以及廈門專賣局長林齊天也都是台灣人。

像這些人在中國到底幹了些什麼？該受指責的地方應該是很多的，說他們當了日本帝國的爪牙，一點也不過分。但是，換另一個角度來看，在台灣島內飽受差別待遇的這些人，為了解脫被壓迫與不幸，這也許是他們當日本帝國爪牙的要素之一吧！

和這些狐假虎威的人不同的，也有很多台灣青年被徵用為翻譯員、軍伕、農業義勇團而到中國大陸為日本帝國奉獻效力。關於這些人的記錄，在《事變と台灣人》(竹內清著)、《台灣銃後美談集》(前田倉吉編)這兩本書中有很多記述，其目的不外就是要向台灣人宣傳，引誘台灣人協助日本。當然其內容不能說完全不實。

但是，如果說台灣青年全部都「踴躍」響應日本政府的徵募，那是太輕率的斷言。台灣青年也不是不知道「軍人、軍犬、軍馬、軍屬、軍伕」的這種揶揄式的階級排列說法，不可能在明知道的狀況下，還很熱誠踴躍的去應募比軍犬、軍馬都還不如的軍屬、軍伕。大多數都是被庄役場(鄉公所)徵召，在無法拒絕的情況下，被強制充當「志願者」。農業義勇團在現地都被稱呼為「軍農伕」，醫生、律師、公司要員、公學校訓導等都被指派作通譯工作(前述《事變と台灣人》，頁119)，在這種情形下，他們真的會心甘情願的熱烈響應嗎？

像這樣的事例，以及相繼解散的台灣人政治社團和政治運動者的逮捕事件除外，所謂的中日戰爭，對台灣人來說只不過是對岸的戰火罷了。

皇民化運動

藉著滿洲事變的機會，日本政府扼殺了一切台灣人的民族運動，如同台北帝大（現在的台灣大學）教授中井淳所言，台灣已愈來愈傾向為「官吏王國」了。所謂要把台灣人日本化的「內地延長主義」（把日本本土的範圍延伸到台灣之意），也終歸是為了要把台灣人的獨自性扼殺掉而喊的一種口號。台灣人地位的提高，遲遲未見有所進展。

蘆溝橋事變前一年赴任台灣總督的小林，喊出了「皇民化、工業化、南進基地化」的口號，做為統治台灣的三原則。

所謂「同化」這名詞，在很早的時候就曾經被言及。例如在1911年的時候，當時的總督府內務局長龜山理平太就曾經提倡過，可是在基本上，還是繼續把台灣人當異民族來統治。

第一次世界大戰後，開始任命文官當總督的前後，就已經實行台灣人日本化的同化政策，為什麼到了小林總督時代，還特別的重新提出「皇民化」政策呢？

這是因為以前的同化政策，一直都是不徹底，且未見明顯之效果，總督府當局依然認為「台灣人基本上是反對日本統治台灣」的，就像他們所看到的台灣議會設置請願運動前仆後繼的情形那樣，那些漢族系台灣人知識份子的民族運動根性是相當強韌的。

當日本在與台灣人同一種族的中華民國作戰時，它對台灣人的動向有了很大的危懼情緒。為了使台灣人能幫助日本對抗中華民

國，所以日本對台灣非得實行以下政策不可，那就是小林總督在地方官會議所說的，「謀求皇國精神的徹底化，振興普通教育，糾正言語風俗，培養忠良帝國臣民之素質。」「皇民化」比「同化」的意義要更強烈，所以還提倡遵守「教育敕語³」，堅信「大日本帝國乃是神國」，並且強調盡忠報國也是盡孝的一種行為。

「改姓名」

1937 年 7 月 7 日蘆溝橋事變爆發以後，日本本國裡面也隨之呼籲要發揚國民精神，第一次近衛文麿內閣遂於 9 月發表了「國民精神總動員計劃實施要綱」，台灣也受此影響，加速皇民化運動的推行。

為了要讓台灣人成為天皇「陛下之赤子」的皇民化運動能夠迅速進展，日本帝國政府於 1937 年廢止了報紙的漢文欄，推行國語（日本話）常用運動。並撤廢偶像、寺廟，強制參拜神社（日本的宗教──「神道」的寺廟），廢止舊曆正月儀式等，實行破壞台灣文化的精神改造政策。與此同時進行的，乃是台灣軍伕之徵用，以及實施了小規模、試行式的台灣人志願兵制度。而皇民化運動實施的極致就是「改姓名」（1940 年）。

1940 年 2 月 11 日是日本「皇紀紀元 2600 年」的紀念日，總督府把這個好日子定為實施日，允許台灣人把姓名改換成日本式的姓名。

---

❸ 「教育敕語」乃是明治天皇於 1890 年所發的訓詞，要求日本臣民忠君愛國，這個訓詞，以後成為教育基本方針。

當天，森岡總務長官發表了如下談話：

> 爲了讓本島人（台灣人）與內地人（日本人）無所差異，有必要在實質上體認皇道之精神，對事物的看法上也必須與內地人相同。在形式上來說，從語言開始到姓名、風俗習慣等等之外在形式也能與內地人無所差異的話，那是最理想的事。即是，不論在精神上、形式上都與內地人絲毫沒兩樣之後，始能稱爲完全之日本化。

（鷲巢敦哉《台灣保甲皇民化讀本》，頁315）

這種改名換姓的蠻橫作風是日本人模仿大漢沙文主義呢？還是國民黨學習日本才強制台灣原住民改用漢族式姓名呢？反正殖民地統治者總有他們的一套。

朝鮮也於同時實施「改姓名」政策，1940年8月11日為止的半年間，2,500萬的朝鮮人一共有80%創氏改名。朝鮮的民族主義者柳周鉉，替那些痛苦的改姓名之朝鮮人作了以下的辯解：「如果把改姓名解釋做為了避免壓迫的保身行為的話，就不會有屈辱感吧！實際上，較受一般注目的人，更是非改姓名不可的。」（柳《小說：朝鮮總督府》下冊，講談社，頁280）台灣總督府向台灣人誇示，日本政府在朝鮮所實施的改姓名之成果，並指責台灣人對此事一點都不熱心。這是因為在同時期，台灣人改姓名者僅有168人而已。

長谷川總督

到了1940年左右，日本軍部感受到了所謂「美、英、中、荷

ABCD 包圍線」的威脅，並認為具有軍事重要性及做為南進基地的台灣，應該由現役的海軍提督來掌管治理。應以海軍現役武官擔任總督及長谷川的任命是同時被聯想在一起的，而這想法乃是長谷川海軍兵學校的同級好友，當時的海相及川古志郎的提案（同傳刊行會編《長谷川清傳》，頁 285）。及川與以往對日、德、意三國同盟持消極態度的海軍首腦們不同，他對於三國同盟的締結之事與海軍的中堅階層份子採同一步驟，積極地表示贊同。還有，他在有關進駐中南半島北部的政策決定上，扮演很重要的角色，他是屬於海軍裡推動對英美開戰路線的鷹派人物。

第 18 任總督長谷川清，於 1883 年生於福井縣，1900 年入海軍兵學校。其後，以海軍中尉之階參加日俄戰爭中的日本海海戰。1922 年升任海軍大佐（上校），1932 年晉升海軍中將，翌年，以日本全權代表的身分出席日內瓦裁軍會議，1934 年就任海軍次官。1937 年，任支那方面艦隊司令長官兼第三艦隊司令長官，1938 年任橫須賀鎮守府司令長官，翌年晉升為海軍大將，1940 年被任命為台灣總督。

同時被任命為總務長官的齋藤樹，1888 年生於千葉縣，1921 年畢業於當時日本最優秀的高等學校「第一高等學校」以後，在故鄉任英語教師。1917 年畢業於東京帝大法學部。1927 年就任內務省警保局警務課長，1931 年以後，歷任奈良、富山、埼玉、靜岡各縣的知事，1937 年就任警視總監（資料來源：警視廳總監室）。齋藤

↑ 長谷川清

是在長谷川就任總督之事內定後，由長谷川自己所選定的總務長官人選。

長谷川總督依然遵循歷代武官總督之例，把民政方面的事務全權交給總務長官處理。在台日本人對這位齋藤總務長官的評價毀譽參半。舉例來說，在總督府擔任文教局長的西村高兄曾說他：「以行政上的豐富經驗，輔佐長谷川處理政事，對其治績有甚多裨益之處。」(西村〈海量の大器〉，《長谷川清傳》所收)對於此事，擔任地方郵便局長的山上北雷卻有不同的看法，他認為從總督府職員的立場來看，長谷川總督很偉大，可是齋藤長官卻是「狐假虎威」之流。對齋藤有很不好的風評(山上《半世紀の台灣》，頁274)。

總之，長谷川總督就任的翌年，日本發動了太平洋戰爭，處於決戰下的台灣就是被長谷川和齋藤的搭檔所治理著。

屢嚐勝仗的日本軍，卻在中途島 (Midway) 海戰嚐到了敗退的滋味，美軍開始從東南亞北進反攻。日本政府推測台灣遲早也會變成戰場，於是從 1943 年開始研究，如果本國政府有事之際，總督權力的一部分或是全部都移轉給台灣軍司令官，以及頒布不依普通法律而對人民權利加以限制的戒嚴令。1944 年 10 月，日本軍在菲律賓的雷特灣 (Leite Bay) 作戰失敗，在現實上，加強了美軍對琉球及台灣攻擊的可能性。

到了這個關頭，數名陸軍將領注意到「總督若由陸軍武官擔任時，得兼台灣軍司令官」這個規定。這是 1944 年 12 月 26 日、27 日左右，陸軍作戰部長宮崎周一中將，和從台灣軍司令官轉任第十方面軍司令官的安藤利吉大將，在從東南亞回京途中的大本營會面時所達成的協議。有趣的是，當時身為台灣總督的長谷川總督卻被

蒙在鼓裡,關於此事,一點也沒有和他商量過。宮崎回京後,直接
向陸軍次官報告謀議之內容,陸相杉山元和首相小磯國昭協議的結
果,決定採用此議。28 日,小磯首相直接打電話到台北,勸長谷
川總督自動辭職(《長谷川清傳》,頁 187)。

　　長谷川立刻提出辭呈,30 日,發布第十方面軍司令官的安藤
利吉繼任總督。由於有這麼個來龍去脈,所以此事也可說是陸軍
的陰謀或安藤個人的野心欲奪取台灣總督的寶座。但是,人的命運
實在是難以預卜,此事對長谷川來說,正是塞翁失馬,焉知禍福。
長谷川由於辭了職,所以才沒有在台灣嚐到戰敗的屈辱滋味,反而
能在日本本國安穩迎接戰爭的結束,並得以安享天年。長谷川於
1970 年去世,享年 87 歲。是歷任總督最長壽的記錄保持者。

安藤總督

　　被任命為第 19 任,而且是最後一任的台灣總督安藤利吉,
1884 年生於宮城縣。陸軍士官學校、陸軍大學畢業。在擔任參謀
本部員之後轉任第五師團長。1938 年就任第 21 軍司令官並指揮南
寧攻略戰。1940 年就任南支那方面軍司令官。同年,因日本以武
力進駐法國殖民地中南半島北部,受到英美的譴責,日本為敷衍塞
責,以安藤司令官等人做犧牲品,遂於翌年將他調任為預備役。可
是到了太平洋戰爭爆發的時候,又將他回復到現役,並任命為台灣
軍司令官。安藤於 1944 年晉升為大將,並於台灣軍擴張為第十方
面軍的時候,成為第十方面軍司令官,同年底被任命為台灣總督。

　　1945 年 1 月 6 日,成田一郎被任命為總務長官,比總督的任
命晚一個星期。成田於 1894 年生於宮城縣,京都帝大法科畢業,

↑ 安藤利吉

高等文官考試及格。自 1908 年大島久滿次以後，總務長官幾乎都是東京帝大出身，只有兩位例外——他和人見次郎都不是東京帝大出身的總務長官。早些時候，成田在埼玉縣擔任過郡長，其後歷任警視、內務省社會局事務官。1939 年任石川縣知事，從 1942 年到 1945 年 1 月為止，擔任兵庫縣知事，之後才被任命為台灣總督府總務長官（資料來源：兵庫縣廳人事課）。成田的任命是由當時總督府之中央主管機關的內務省大達茂雄內相所推薦的。成田是安藤總督的同鄉，又是同一個中學出身。此層關係也是被列入考慮的因素之一（山上北雷，《半世紀の台灣》，頁 289)。

皇民奉公會

經過平沼騏一郎、阿部信行、米內光政各內閣後，日本中央政府於 1940 年 7 月成立了第二次近衛文麿內閣。同年 10 月，近衛組織了「大政翼贊會」，其主旨乃是：「互助相誠，徹底地自覺本身乃是皇國之臣民，凡事率先作國民的推進力，時常與政府建立表裏一致的協力關係，並謀求上意下達、下情上通，努力於高度國防國家體制的建立。」（實踐要綱）當初的計劃是要把大政翼贊會運動做為全國一致的運動，可是由於殖民地的狀況不同，遂於 1941 年 4 月，在朝鮮成立「國民總力聯盟」，南樺太成立「國民奉公會」，

關東州成立「興亞奉公聯盟」。台灣的「皇民奉公會」就是其中的一環。

1940 年 11 月赴任的長谷川總督，正好趕上擔負皇民奉公會運動負責人之職位。

皇民奉公會涵蓋了總督府以下各級行政組織，規模相當大，總裁是由長谷川總督兼任，中央本部長由齋藤樹總務長官兼任。中央組織裡又設有總務、宣傳、訓練、文化、生活、經濟等部門。地方組織方面，於州、廳設支部，市、郡設支會，街、庄設分會，區、部落設區會及部落會，最基層則設有奉公班。各級組織的長官由各級行政首長兼任，換句話說，其組織型態乃是欲將各級行政組織與該組織混成一體。

皇民奉公會推進之同時，長谷川對於小林總督時期所推行的皇民化運動政策，作了若干的修正，減緩了小林時代的偶像崇拜、寺廟之撤廢政策及對台灣文化的壓抑政策。小林總督等人指責台灣的宗教為迷信，並開始設置「台灣神社」，合祀「大國魂命」、「大己貴命」、「少彥名命」，這三位日本古代的神明與「北白川宮能久親王」——這位帶領日本軍占領台灣而病死於台灣的日本皇族——強迫臣民去參拜，強制各家庭廢棄對祖先的祭祀，代之以祭祀「伊勢神宮」的「大麻」。「伊勢神宮」是日本皇室的宗廟，設在本土三重縣伊勢市，「大麻」就是該神宮以及諸神社所授之神符。台灣人對此事不僅感到不平，而且起了極大的反感。日本當局說台灣人的宗教是迷信，難道他們日本人的宗教不是迷信嗎？日本人又禁止台灣大眾的傳統娛樂歌仔戲和布袋戲，這也是引起反感的火種之一。

　　長谷川總督緩和了小林總督時代的禁止政策，在「不違反統治
的主旨範圍內」，容忍台灣人的宗教與文化。《長谷川淸傳》一書
裡，對於長谷川所實施的緩和政策評為仁政，可是從另一個角度來
看，或許應視為總督府唯恐台灣人會因不滿而生反感，再演變到抗
日，所以才不得不採取讓步的政策。長谷川總督的政策溫和，那是
事實，但是把它稱讚為仁政，未免太過分。其實，長谷川總督對於
神社參拜的強制程度是愈來愈嚴的。

　　雖說宗教、文化的壓制減緩了，可是在警察萬能、軍事色彩濃
厚的戰爭時期，台灣人若還進行獨自的宗教、文化活動，恐怕會有

↑ 台灣神社神饌殿

危險，因此也就不得不謹言慎行了。在學校，「忠君愛國」、「盡忠報國」的教育日漸加強。學校及官廳禁止使用台灣話，並嚴格執行「國語 (日本話) 常用家庭」運動。

　　大戰初期日本的勝利，無疑地造就了一些投機的台灣人投靠到日本人那邊，支持日本。特別是市區一些虛榮的人，不少人故意裝著忘了台灣話而操著「宛如日本本國人的口音」，且得意洋洋的假扮成一副「知識份子的樣子」。如果你把那些現在講一口標準的捲舌北京話，或者浙江音官話而洋洋得意的台灣人，併在一起想像就對了。此時，改為日本姓名的人也增多了，最後好像達 10 萬人左

↑ 台灣神社全景

右，正確的數字無法確定。其實被統治的人最大的悲劇並不在於被
壓迫，而是在於迷失了自己的尊嚴。這些人後來有幸脫離被日本統
治，才一個勁兒的歸咎統治者，這是有欠公允的。在當時如果保持
原來的姓名而不改的話，雖然會有種種的不利，但是改姓名最大的
要素，還是本人希望能夠「看起來更像日本人」。

台灣總督府組織了「奉公壯年團」、「產業奉公團」、「挺身
奉公隊」、「文學奉公隊」、未婚女性的「桔梗俱樂部」做為皇民
奉公會別動隊。在太平洋戰爭當中，這些團體以「皇民奉公會」為
軸心來運轉，驅策人們去為「聖戰的完成」而奮鬥。

皇民奉公會還配合太平洋戰爭初期勝利的步調，訓練了經營東
南亞的尖兵，並且大量設置訓練所，將很多的台灣青年投入了這個
行列。

在高雄、台南、台中各州總共設置了7個「拓南農業戰士訓練
所」，在訓練所裡3個月的訓練期間，主要是以學習熱帶農業技術
為目的。「拓南工業戰士訓練所」是招收國民學校畢業程度的青少
年，在半年的訓練期間，教予土木、建築、機械的速成技術。「海
洋訓練隊」是以3個月的訓練期，施以游泳、開船、航海的海洋訓
練。

台灣總督府最注意的，恐怕就是台灣人原住民的存在吧！屬於
波里尼西亞 (Polynesia)、印度尼西亞 (Indonesia) 系的台灣人原住民，與
日本東南亞占領地的住民和種族大略相同，利用他們融入占領地的
當地人之中，發動對日協力的工作是很適合的。加上他們擅長在密
林裡活動，所以東南亞的森林作戰，使用他們最恰當不過了。因此，
日本政府組成了「高砂青年隊」，湧入東南亞地域。

南進基地化

明治維新 (1867年) 以後，建立天皇執政的日本帝國政府，承繼了德川幕府末期的尊王攘夷思想，採取對外擴張以保全日本領土的政策。富國強兵政策下的結果，當然是夢想要把日本建立成一大帝國。當時，政府內部有北進：向東亞大陸發展；和南進：向東南亞發展，兩個論調對立著。基本上，這是由於對日本帝國的國力和國際環境的認識有所不同之故，不是根本上的對立。

結果，日本帝國像鐘擺一樣，南來北往擴張領土。最初是在1874年，對台灣出兵而占領琉球。日清戰爭後，除了在朝鮮建立了堅固的地位之外，還得到另一個副產品台灣。此外，日俄戰爭的結果得到了關東州，第一次世界大戰時，南洋群島 (指 Marshall Islands 與 Marianas) 更是在其統治之下。在滿洲事變後確保了滿洲，中日戰爭爆發後，占領了中華民國沿岸一帶。第二次世界大戰時，欲把最南端的領土——台灣，當作是一條「不沉航空母艦」，做為進擊東南亞的一個墊腳石。

日本帝國領有台灣以後，在太平洋戰爭時，可以說發揮了最大的效用。做為兵員、艦隊、飛機、武器、彈藥、糧食的集結地，台灣為日本扮演了它最大的角色。如果日本沒有領有台灣的話，可能也不會在大戰初期得到一連串輝煌的戰果吧！最初日本在決定是否投入大戰時，絕對無法避免把戰略基地台灣列入考慮的。

日本帝國把台灣當作對外擴張的基地，這並不是第一次。早在1898年，日本帝國就強迫清廷發表「福建不割讓宣言」，將福建納入日本帝國的勢力範圍。日清戰爭時，日本在中國所得的權益，

特別是華中、華南一帶的權
益，都是靠就近的台灣給與強
力的支援才得以確保。

1900 年的義和團事件裡，
日本政府捏造廈門東本願寺佈
教所的火災，是清國官廳放火
的而對廈門出兵。在此事件中，
台灣總督府也扮演了很重要的
角色，並且還派遣台灣守備隊

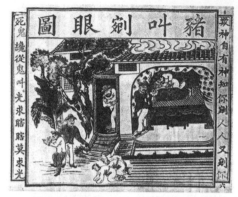

↑ 「豬叫剾眼圖」：義和團描繪邪教收納
妖人，挖眼製藥。

到廈門。此外，台灣總督府也曾援助過孫文的革命（向山寬夫〈廈門事
件と惠州事件〉，《國學院大學大學院紀要》第六輯）。

在這事件之後，日本政府創設了經營華南的中心事業機構——
三五公司。《後藤新平傳》一書有以下之敍述：

> 三五公司在表面上是日中合辦的事業。但事實
> 上，……乃是台灣總督府為了實行對岸經營方策，而設立
> 的一個具有強烈國家色彩的機構。雖然這個機構的中心事
> 業乃是樟腦事業和潮汕鐵道的經營，但是除此以外，還有
> 新加坡殖林事業、中南半島東京灣採貝業務、源盛銀行、
> 東亞書院、龍岩及福建鐵路、汕頭自來水事業等等。如果
> 能順利的發展，就有可能像南滿洲鐵道會社一樣，成為一
> 個具有殖民會社性質的機構。　　（〈台灣統治篇〉下卷，頁 175）

可是三五公司的事業進入 1907 年以後，遭到了頓挫。

　　台灣總督府並利用台灣的地利，從事華南及東南亞的研究。不
僅對這些地域的地理、資源、物產詳加研究，而且從歷史到民族的
構成，都出版了詳細的調查報告，儲備了在這些地域擴展時必須的
基礎知識。

　　日本本國為了圖謀海外的擴展，於1929年設立了「拓務省」。
早在1905年時，日本為了經營朝鮮創設了「東洋拓殖株式會社」，
並以此為模型，在1935年創設「滿洲拓殖公社」、1936年創設「南
洋拓殖株式會社」。此外，在台灣也設立了「台灣拓殖株式會社」，
這個會社主要的目的，是經營在台灣以及華南、東南亞的開墾殖民
事業，並供給其資金。這是政府和民間對半合股經營的事業，並且
是以敕令（天皇的命令）為根據的國策會社，正副社長必須由拓務大臣
認可後，再由台灣總督府任命（拓務省《拓務要覽》昭和15年版，頁471）。

　　如此相繼成立的會社，就是為了將軍事行動所獲的成果在經濟
上展現出來。1939年日本占領海南島，並且設立了一個負責統治
和開發的機構──「海南海軍特務部」。特務部的職員過半數都是
台灣總督府的關係人，而向海南島發展的事業機構，就是以台灣銀
行和台灣拓殖株式會社為首的半官半民之機構，以及台灣的主要事
業與商社。

　　總之，中日戰爭爆發以後，台灣的存在對日本帝國來說是愈來
愈重要了。相對的總督府的職責不僅僅在對台灣的統治而已，對華
南的經營以及東南亞的擴展所擔當的職責，也愈來愈明顯。

第二節　大戰下的台灣人

經濟的惡化

1941 年 12 月 8 日清晨，全台灣一齊響起了警報聲，這乃是爆發了太平洋戰爭之故。雖然新聞及收音機報出了日本軍在珍珠港的顯赫戰果，可是人們還是籠罩在一種說不出的不安氣氛裡。除了一些有識之士外，大部分的人都未曾理解向英、美開戰是具有多麼重大的影響。隨後，在大戰初期，日本相繼占領了關島、香港、馬來亞、吉隆坡、新加坡，以及在 1942 年 3 月 9 日，迫使荷蘭駐印尼軍全面投降等等的一連串勝利，使得台灣人很難在心理上不把自己歸列到勝利者的一方。

事實上，戰爭早已從數年前中日戰爭爆發的時候就開始了。中日戰爭期間，台灣所負擔的軍事費用，雖然占台灣總督府年間預算的 3 分之 1，民生方面卻沒有構成很大的威脅。那是由於在同時期裡，台灣在經濟上有了進展，所以才能負擔此軍事費用。將農林水產礦各業除外，光就工業生產的增加而言，如表 7 所顯示的就已歷歷在目。

可是從太平洋戰爭爆發以後，戰時經濟管制更加嚴格，產業的成長率反而變得遲鈍了。由於必須應付只增不減的軍事負擔，以及從 1944 年開始的美國空軍之猛烈轟炸，台灣被迫過著物質缺乏的日子。

最能反應民生的就是糧食問題，日本政府以前規定的「米穀移出管理令」(1939 年) 及「台灣米穀等應急措置令」(1941 年) 之外，還加上一項「台灣食糧管理令」(1943 年)，此法令規定米穀、小麥、甘藷等糧食要一元化的運銷。新設的台灣食糧營團，專門管理實施

一元化的糧食貯藏及整體配給事業。穀倉之島的台灣，由於主食穀類的不足，以致於給與人們一種戰局的緊迫感。

表7：中日戰爭期間台灣工業生產額（萬日圓）

年度	生產額	增加之金額
1936 年	31,261	
1937 年	36,381	5,120
1938 年	39,415	3,034
1939 年	57,076	17,661
1940 年	63,220	6,144
1941 年	65,977	2,757

●根據《台灣省 51 年來統計提要》頁 778 作成。

從 1944 年開始，台灣總督府為了即時反應「非常措置要綱」的閣議決定事項，於 3 月 6 日發表了「非常措置實施要綱」。規定動員中等學校以上的學生從事經常的勞動、強迫民眾從事勞動的「國民徵用」、糧食配給、廢物利用、削減旅客火車以優先貨物運輸、挖防空洞之外，還要挖阻礙戰車的「戰車壕」等等勞動措施，把大戰的重擔壓到民眾的肩上。

台灣總督府的歲出，從 1941 年的 2 億 8,971 萬日圓（決算）起，到 4 億 1,590 萬日圓（1942 年預算）、5 億 1,422 萬日圓（1943 年預算）、6 億 9,065 萬日圓（1944 年預算）為止，一直上升。不談編入日本本國一般會計內的款項，以及戰時在台灣所使用的各種支出款項，光是編入 1944 年度的臨時軍事費特別會計的數目，就已達 1 億

0,181 萬日圓（《台灣年鑑》昭和 19 年版，頁 190）。若與中日戰爭期間之最高軍事費用的 1941 年比較起來，就增加了 4 倍多的負擔。1945 年的臨時軍事費用預定是 2 億 0,887 萬日圓，可是由於戰敗而未及實現。

從 1944 年起，美國空軍的轟炸激烈化，台灣的工業蒙受了重大的損害，所以生產力呈現明顯的下降。

從「志願兵」到徵兵

在日本帝國，軍人從來是站在國防第一線而具有榮譽感的，因此規定只有日本本國臣民才有資格成為軍人。殖民地統治當局屢次公開發表說：「由於台灣人沒有兵役上的負擔，所以應該在別的方面多作貢獻。」可是，對台灣人來說，沒有兵役負擔並不是一種恩惠。台灣人確實是沒有兵役上的負擔，可是卻被當作比軍人地位低好幾倍的軍屬、軍伕來使喚（按：「軍屬」就是屬於軍隊的文官、文官待遇者與經過宣誓的民間人）。

1938 年 1 月，日本在朝鮮實施了志願兵制度，此制度當時還沒有正式在台灣使用。這是因為那時的戰爭乃是「中日」戰爭，日本政府對於台灣人是否會與「中國人」戰鬥之事，帶著懷疑恐懼的態度。最初曾採取試驗的性質，例如在同年 3 月，採用了新竹的 15 歲少年張彩鑑為少年航空兵（飛行員），並使之進入陸軍航空學校就讀。

在台灣正式實施志願兵制度，是從太平洋戰爭爆發之後的 1942 年 4 月 1 日開始的。台灣比朝鮮遲了 4 年施行「陸軍特別志願兵制度」，但是此政策的閣議決定，早在太平洋戰爭爆發之前的

1941 年 6 月 20 日就已成定案了。

以此制度為根據，日本政府從 1942 年到 1944 年的 3 年間，以「陸軍特別志願兵」的名義，徵召了 4,200 多名的漢族系台灣人。台灣總督府有意地分離漢族系台灣人和原住民系台灣人，於同時期再徵集了 1,800 多名的原住民「陸軍特別志願兵」，編成了「高砂義勇隊」。如此，台灣人的「陸軍特別志願兵」合計起來有六千餘名。

有關海軍特別志願兵制度實施的情況，台灣和朝鮮同時於 1943 年 8 月 1 日開始實施，到翌年，在台灣共徵召了 3,000 名的「海軍特別志願兵」。1944 年 5 月到 7 月之間，又有 8,000 餘名沒有經過訓練就直接編入「海兵團」的志願兵，「海軍特別志願兵」總計達 11,000 餘名，陸海軍的志願兵共計 17,000 餘名（台灣總督府《台灣統治概要》，頁 71）。

「志願兵」的主要年齡是從 19 到 23 歲，最低從 17 歲開始，最高到 30 歲為止。「志願兵」當中，也許有些人真的是打從心底志願參加的。可是，有些人卻是認為與其被徵召當作雜役使用的軍伕，不如自己志願去參加比

↑ 陸軍志願兵

歡送高砂義勇隊出發

軍伕地位要高的軍人。同時，可能也有不少人害怕被吆喝為「非國民」，在不得已的情況下被迫志願去當「志願兵」。

總之，隨著戰況的惡化，僅靠志願兵是追不上兵員的消耗的。因此，從 1945 年開始，台灣也實行了徵兵制。不管喜不喜歡，台灣青年從此有了服兵役的義務。

當然，軍屬及軍伕的徵召也還是繼續實施。戰後 (1973 年 4 月)，根據日本厚生省的發表 (見表 14)，台灣出身的軍人有 80,433 名，軍屬 (含軍伕) 有 126,750 名，共計 207,183 名。(《台灣人元日本兵士の訴え補償要求訴頌資料》第 1 集，頁 83)

做為一個「日本軍人」

台灣人被徵召為日本軍的一員，他們是從事什麼樣的戰爭？我

們從杉崎英信所著，描寫原住民參加作戰情形的《高砂義勇隊》來
窺其一斑：

> 在那個墓裡永眠的是一位叫做 B 的高砂義勇隊員。從
> 新幾內亞 (New Guinea) 的作戰開始，他 (指杉崎採訪的日本兵) 就
> 和 B 一起並肩作戰。大家有樂同享，有苦同當，沒有糧食
> 的日子一直持續了好幾日，可是大家還是忍耐地度過了。
> 有一天，B 被調到後方的兵站 (後勤) 基地去搬運糧食。可
> 是如今再與 B 相會，B 已是死去之人了。B 揹扛著 50 公
> 斤的米，在密林中飢餓而死，背上的米動也未曾動過⋯⋯
>
> （頁 242）

太平洋戰爭到了末期的時候，戰局已是極端不利於日本，台灣
也遭受了美國空軍的轟炸。那個時候，台灣人兵士被派遣到大陸戰
場，或是東南亞的戰場上，就如前述引文所描述的，像死守糧食的
B 搬運兵一樣，身為日本軍的一員就必須忠實的戰鬥至死為止。

但是，中日戰爭也好，太平洋戰爭也好，都不是台灣人引起的
戰爭，也不是台灣人推展的戰爭。儘管如此，中日戰爭的最高潮時，
在中國大陸掀起了一股風潮，即是把台灣人當作侵略者的爪牙，不
管怎樣，先幹掉再說，也就是說把台灣人看成是「漢奸」(竹內清《事
變と台灣人》，頁 199)。二次大戰日本戰敗後，在中國大陸或是中華民
國國軍去接收的法國殖民地中南半島也好，台灣人總是受到了中國
人的敵視與報復 (參照丘念台《嶺海微飆》，頁 241)。

這難道可以說是因為台灣人背叛了中國嗎？如果說大清帝國就

是中國的話，那麼中國根本就沒徵求台灣人的同意，就把台灣割讓給日本了。還有，再看看所謂的同盟國，果真這些國家都是站在正義的戰爭這一方嗎？事實上，同盟國根本就沒有把台灣人看成是己方，台灣實際上是被置於猛烈轟炸之下。

虛幻的國政參與

太平洋戰爭進入了熾烈的階段，也就是日本軍的敗色愈濃的時候。相形之下，日本帝國也就愈需要得到台灣人的協力，於是，日本政府採取了各式各樣的懷柔政策。

此時，日本政府考慮到，向來給日本本國的官僚加 50% 乃至 80% 的薪資，於是決定撥給台灣人官僚 30% 的臨時加給。派遣到東南亞的施政官（行政官員）也開始採用台灣人，並且給與和日本人同等之待遇。這是一種分贓政策，日本要給二等國民台灣人一杯羹，要台灣人去東南亞享受統治者的快感，以減少對日本的不滿。

1945 年 3 月，為了打開台灣人及朝鮮人共同參與國政之道，因而改正了法令。3 月 21 日，眾議院通過了眾議院議員選舉法的修正案，接著又公布了「法三四號」。現行眾議院議員選舉法在朝鮮及台灣開始實施，只是從殖民地選出的議員名額受限制，內容包含如下：

1. 「不採用普通選舉制度，選舉權只賦予 25 歲以上的男子，並且是直接國稅 15 日圓以上的納稅者。」
2. 關於選舉區，「朝鮮的 13 個道分為 13 個選舉區；台灣則 5 州分為 5 個選舉區，而 3 廳則分屬於 5 個選舉

區裡面。」

3. 配額是「朝鮮 23 人、台灣 5 人」。

「普通選舉」是指不以一定的財產、納稅額、教育、信仰作限制，凡是達到一定年齡則可享受選舉權的制度。有其中任何一項的限制，則稱之為「限制選舉」。

在日本本土，早於 1925 年實施了「普通選舉」，朝鮮及台灣這兩個殖民地，則等到 20 年後才有了選舉，而且是以直接國稅作限制的「限制選舉」。

不過，前面的說法是一般政治學的說法。1925 年日本的所謂「普通選舉」，女性不能享有，因此應該說是「男性普通選舉」，包含女性的真正「普通選舉」，必須等到日本戰敗後，1945 年 12 月修改選舉法才實現。

關於議員配額，以不論男女老幼的住民數目作基準，100 萬住民產生 1 位議員，而住民數目尾數超過 80 萬時，則增加 1 位。這個比率比日本本國低得很多。根據大正 14 年法律第四七號「眾議院議員選舉法」的規定，眾議院議員的數目是 466 人，以 1942 年辦理眾議員選舉時的日本本國人口來計算，平均每 156,000 人就能選出 1 位眾議員。由此看來，殖民地的臣民，要 100 萬人才能夠選出 1 位眾議員，議員數目未免太少了，比率是 6 分之 1。以上就是有關眾議院的情形。

緊接著於 3 月 23 日，在貴族院施行了貴族院令的修正，以敕令一九三號裁可。其內容如下：

1.「在朝鮮、台灣居住而有名望者，特別敕任為貴族院議員。」

2.「敕任的要件為在朝鮮、台灣的居住者，滿 30 歲以上的男子，且具有名望者，任期為 7 年。」（第7條）

3.「根據第 7 條產生的台灣和朝鮮之議員數在 10 名以內。」

　　其實，早在 1932 年的時候，就有了敕選的朝鮮人議員，1934 年也出現了敕選的台灣人貴族院議員辜顯榮（1937 年死亡），可是這都是以天皇的貴族院議員敕任權所任命的，而不是依據貴族院令，非從台灣、朝鮮敕任不可的。

　　在朝鮮，被列為皇族的舊韓國王族的貴族院議員們，當然是不

↑ 台北第一高女進行的防空演習

↑ 學徒兵動員

列入此次的貴族院令修正之內的，他們的名額不包含在裡面。

以上述的法令修正作基礎，日本政府於4月1日，頒布了關於朝鮮、台灣住民的國政參與詔書。倒閣之前的小磯國昭內閣，於4月3日推薦了朝鮮人及台灣人共計10名的貴族院敕選議員，朝鮮人7名、台灣人3名，這是依人口比率所作的分配。

台灣人的敕選議員就是林獻堂、簡朗山、許丙3人。他們預定出席鈴木貫太郎內閣時代的臨時帝國議會，可是由於美軍在4月1日登陸沖繩島，戰情緊迫之故未能成行，結果出席貴族院之事就不了了之。

眾議院方面，因為到日本戰敗為止，一直沒有舉行過總選舉，所以始終沒有看到台灣人以及朝鮮人的眾議員誕生。

除此之外，在同一年，總督府的政策也略有改變。

　　6 月 17 日廢止了保甲制度，接著又廢止了皇民奉公會。這都
是為了配合預定 6 月 23 日公布的「國民義勇兵役法」所作的措施。
根據此兵役法，男子從 15 歲到 60 歲，女子從 17 歲到 40 歲都要
服兵役或是被徵用。太平洋戰爭剛結束時，在呂宋島上欲逃脫而遭
到隊長下令處刑的台灣少年「西川」，可能就是根據此法而被徵召
的 (高宮亨二《ルソンに消ゆ》(白馬出版)，頁 96)。6 月 26 日根據軍方所公
布的「國民義勇戰鬥隊統率令」，組成了「台灣國民義勇隊」。這
是實踐防衛台灣的組織，也是皇民奉公會及保甲制度的代替物。

接二連三的叛亂嫌疑事件

　　在太平洋戰爭期間，日本政府對台灣採取了懷柔政策，台灣人
也對此戰爭提供了協助。縱然如此，還是消除不了台灣總督府對台
灣人的懷疑態度。另一方面，台灣人之間也呈現不穩之狀態。

　　1941 年 6 月，原住民襲擊花蓮港紅葉谷警察派出所。同樣於
1941 年，日本當局以歐清石、郭國基等台灣南部志士與蔣介石的
國府軍相呼應，並計劃協助其登陸作戰的嫌疑，逮捕了 1,000 餘人，
歐清石被判無期徒刑，此事件俗稱東港事件。當時歐清石是台南開
業律師。戰後，筆者根據其子的證言得知，其父是在自宅裝設業餘
無線電的天線，被日本懷疑而遭逮捕的。

　　1944 年發生瑞芳事件，礦山主人李建興以組織抗日團體之罪
名而遭逮捕，為此事件而遭逮捕者超過了 500 人，其中有 300 餘
人死在獄中。此事件之原由，傳說是李建興與一名警察因女性問題
發生爭執，所以那位警察就捏造罪名來加害李建興。

　　同樣於 1944 年發生的蘇澳事件，乃是日本政府以台灣人提供

情報給在台灣近海出沒的美國潛水艦為罪名，逮捕了台灣人漁民70餘人，被逮捕者全部死在獄中。

上述的這些事件，在莊嘉農（蘇新）所著的《憤怒的台灣》（頁71）裡有記述，可是至今真相未明。根據台灣日日新報的主筆伊藤金次郎所述，1944年，第十方面軍司令官安藤利吉曾訓示：「萬一台灣同胞與敵方的登陸部隊互相呼應疏通，而從我們皇軍的背後衝殺過來，那麼事態不就很嚴重了嗎？而且，據觀察所得，我實在沒有勇氣與自信來對台灣同胞抱有絕對的信賴。」這乃是他向在台有名望之日本人所作的訓示之記錄（伊藤《台灣欺かざるの記》，頁77）。

到底是因為台灣總督府的狐疑才發生上述之事件，還是因為發生了上述之事件，才致使台灣總督府對台灣人起了警戒心？總之，日本帝國與台灣人之間的關係之改善，雖然可以看到一些蛛絲馬跡，可是無可否認的，雙方還是各築起一道心理之牆。

台灣人與總督府之間就在交織著不滿與猜疑、協助與反抗的漩渦中打轉的時候，一股巨不可測的國際力量決定了台灣人將來的命運。

命運性的開羅聲明

1943年11月27日，美國總統羅斯福、英國首相邱吉爾及中華民國國民政府委員長蔣介石在開羅舉行會談，並簽訂了以下之聲明：同盟國的戰爭目的之一，乃是「將日本從清國人手中盜取的全部地域，如台灣及澎湖島全部交還給中華民國」。這就是開羅聲明 (Cairo Statement)，一般誤譯做「開羅宣言」之內容。

在那個時代，外交是屬於國家與國家，政府與政府之間的事

↑ 開羅會議三巨頭：左起蔣介石、羅斯福、邱吉爾，1943 年 11 月在埃及首都開羅。

情，一般人要向外國政府呼籲，簡直是不可思議。

　　台灣人政治運動者，沒有把日本帝國統治下的台灣人之期望，讓美、英等強國知道，他們可能沒有想到列強會決定台灣的命運。當時，台灣人的歐美留學生也只有劉明朝、劉子安、林茂生、黃彰輝、廖文奎、廖文毅等人，總不會超過 50 位吧。台灣人到海外去的話，大部分僅止於東南亞和中國，歐美人士也極少來台灣訪問。台灣人的國際政治眼光開竅得太慢了。而且，也可說是極大的諷刺，如同清朝把台灣割讓給日本似的，台灣的「交還中華民國」，也是台灣人在莫名其妙的情形下就被決定了。

第三節　躍進的實況

教育及公共事業的充實

在此我們來看看台灣總督府 50 年來對台灣所作的建設。

最值得大書特書的，乃是教育設施的急速增加。最後的統計數字所顯示的，國民學校 1,099 所、中 (女) 學校 44 所、盲啞等各種學校 11 所、實業及師範學校 122 所、專門學校 5 所、高等學校及帝國大學預科各 1 所、帝國大學 1 所。台灣人的國民學校就學率達到了 71.31%。

1928 年創校，後來具有文政、理、農、工、醫五學部 (學院) 的台北帝國大學，在 1943 年時，學生約有 500 人，設有 114 個講座，助手除外，光是講師以上的教師就有 163 人，乃是一所平均學生 3 人，就有教師 1 人的優秀大學。教授陣容擁有不少飽學之士，例如淺井惠倫、岩生成一、中村哲、植松正、磯永吉、高坂知武、小田俊郎、森於菟、杜聰明、金關丈夫，以及年輕時代的山下康雄、島田謹二等人 (《台灣總督府官制及職員錄》昭和 18 年版)。其中也有像農學部的高坂教授，他非常喜愛台灣，第二次大戰後，台北帝大改名為台灣大學以後，還繼續留在大學授課，並且盡力的推展西洋古典音樂，被譽為才女的千金也嫁給了台灣的年輕人。

戰後，台灣人轉為親日的傾向，是因為台灣人敬愛而且懷念那些曾經教過他們的各級學校老師，很多日本人都誤解為「由於日本人的統治很好之故」，實在是非常遺憾的一種誤解。

教育方面以外，衛生方面也有顯著的進步，除了有 11 家總督府立醫院外，還有為數眾多的私立醫院。開業醫的人數加上醫生的

人數，共計 2,891 名，牙醫加上齒科專門人員共計 651 名，對台灣的保健及衛生方面貢獻良多。

公共建設方面也有可稱道之處，通行台灣南北 400 公里的鐵路營業線共計 901 公里長。狹軌的私設鐵路，營業線計 674 公里長，專用線計 2,352 公里長。主要港口高雄和基隆的泊船能力，一萬噸以下的船計 59 艘，標準負荷能力達到了 621 萬噸，台灣對外貿易最盛時達到了 1 億 6,677 萬日圓（1941 年），這兩個港口發揮了最大效用。飛機場設在台北、宜蘭、台中、台南（二處）、台東、淡水、馬公、高雄等 9 個地方，從 1936 到 1941 年的短期間內，有定期飛行的航空班機。

廣播電台有 6 所，電話局 194 所，裝有電話的達到 25,206 戶。

主要市、街都鋪設自來水管，156 萬人享受其惠。埤圳灌溉面積在 1905 年時是 20 萬甲，1920 年的時候是 31 萬甲，到了 1943 年的時候，達到了 56 萬甲，對於農產品的增收有很大的貢獻。

電力方面，在 1937 年的時候是 17 萬瓩，6 年後的 1943 年倍增到 35 萬 7 千瓩，這是大戰期間，在台灣大量生產軍需用品所促成的（以上數字是根據台灣總督府《台灣統治概要》）。

像這樣的發展是很驚人的，可是也孕育了不少的矛盾。台北帝大除了農、醫學部以外，其他幾乎都是日本本國人子弟的專用，連台北高等學校也是如此。很多台灣人學生在台灣無法受高等教育，不得已只好到「內地」（日本）去留學。當然大部分都是進入私立大學，特別是在明治大學及早稻田大學學習的台灣人之中，出現了很多人才。日本政府及台灣總督府有意地對人文、社會科學出身的台灣人大都不予錄用，連東京帝國大學畢業的台灣人學生（畢業生共有

130人左右），大多都未能步入仕途。

農業的發展

台灣的經濟發展到底如何呢？凃照彥把台灣的經濟發展，從殖民地化的過程加以觀察，而將它分為以下四階段（凃《日本帝國主義下の台灣》，頁59)。

第一階段　自1895年到1905年左右為止的期間，是屬於資本主義的「基礎工程」階段。

第二階段　到1925年為止約20年間，推行製糖－蔗作單一作物的栽培(monoculture)，企圖將殖民地經濟構造單一化。

第三階段　到1937年中日戰爭爆發為止約15年間，加強蓬萊米的大量生產，及米、糖二大輸出品為中心的複合式經濟結構。結果，面臨了米、糖的併存和相剋的問題。

第四階段　從中日戰爭爆發到日本統治崩潰為止的短短8年間，是軍需「工業化」的推進階段。

強制殖民地實行單一產品的生產樣式，壓制其多元性的發展，阻礙其經濟的自立性，以防止其政治獨立的萌芽，這乃是殖民地統治的老套。亦即將這些殖民地統合起來，以便達到本國總合經濟發展。日本帝國也不例外地推展此政策。隨著日本本國的工業化，為了使台灣成為糧食的供給源地，所以日本政府在台灣獎勵稻作。可

是在有限的農地上，要種稻米又要種甘蔗，實在會造成生產上的衝突。於是為了提高生產性，實行灌溉的同時，並開發生產性較高的蓬萊米。

1901 年時，台灣糙米產量是 553 萬公石，到了 1944 年達到了 1,349 萬公石，最高年產量是 1938 年的 1,771 萬公石。與米的生產有相剋關係的糖產量，除了品質的改良以外，在 1902 年的時候，年產量是 3 萬噸，可是到了 1939 年時，年產量竟然達到了 113 萬噸。

這些產量數字不能說與「可使用地」的擴張無關係。在 1905 年的時候，台灣農業的可使用地不超過 21.2%，到了 1943 年，可使用地達到了 35.5%（以上的數字是根據《台灣省 51 年來統計提要》）。可是，日本本國大企業對台灣土地的收奪也是很驚人的。以三井農林會社為首的 12 家會社之土地收奪，就達到了 69,800 甲。在這總數裡，從民有地買來的占 33.1%，官有地放領拍賣買來的占 25.6%，官有地放領中所得的占 41.3%（淺田喬二《日本帝國主義と舊殖民地地主制》，頁 16）。政府的放領地不談，就算是拍賣中買來的，其價格也是極低廉的。

工業生產力的提高

不在殖民地發展重工業，乃是殖民地統治的大原則，日本帝國也是承襲這種原則。可是，中日戰爭爆發後，情勢丕變。特別是向太平洋戰爭進展的過程中，由於原料供給的地理因素以及工業分散的必要性等等因素之故，遂在台灣增加了工業化設施。以前在台灣所謂的工業設施不外是食品工業，其中糖業又占了大半。然而以中日戰爭為契機，日本政府先在高雄和汐止設置了製鐵工廠，然後

又新設了金屬、機械、化學等工業，並擴充紡織、窯業、木材、印刷等工業設施。1942年，這些工業的生產量，與占全工業生產量58.3%的食品工業處於伯仲之間。其中，日本鋁業株式會社的工廠，是昭和電工橫濱工廠之外，第二大規模的製鋁工廠，同時也是備受矚目的產業。

　　1924年，台灣的工業生產已達2億日圓的龐大數目，而且為了要達成50%的增加額，到了1936年（3億1,261萬日圓）為止，共花了12年的時間。可是從1936年到1942年的6年間，工業生產量倍增，突破了7億日圓。當然，如果只是這麼單純的比較，是不著邊際的。

↑ 台灣銀行券：台灣銀行發行的一圓兌換券正反面。

台灣銀行券的發行量在 1924 年的時候是 5,300 萬日圓，1936 年是 8,300 萬日圓，到了 1942 年倍增到 2 億 9,317 萬日圓，顯示有通貨膨脹的傾向。

表 8：各行業生產值比較表

項目 年度	農業	礦業	漁林業	工業	合計
A(百萬日圓)					
1915～19	144.5	7.2	9.1	101.9	262.7
1920～24	207.0	12.0	23.0	169.5	411.5
1925～29	293.6	16.8	31.8	216.8	559.0
1930～34	255.8	15.5	26.5	227.7	525.5
1935～39	432.9	39.6	41.5	387.0	901.0
1940～42	576.4	62.8	91.8	657.4	1,388.4
B(比率)					
1915～19	55.0	2.8	3.4	38.8	100.0
1920～24	50.3	2.9	5.6	41.2	100.0
1925～29	52.5	3.0	5.7	38.8	100.0
1930～34	48.7	3.0	5.0	43.3	100.0
1935～39	48.0	4.4	4.6	43.0	100.0
1940～42	41.5	4.5	6.6	47.4	100.0

George W. Barclay, *Colonial Development and Population in Taiwan* (Princeton University Press, 1954), p. 38

　　雖然有通貨膨脹的傾向，可是工業生產的增加卻是很明顯，這和第一次產業(原料生產)作比較的話，就可明白。1919 年左右的農

業生產是工業生產的 1.4 倍，1930-34 年降到 1.2 倍，到了太平洋
戰爭前後，竟然逆轉過來了。1940 年，台灣的工業生產是農業生產
的 1.4 倍，可說是好不容易才走到了工業化社會的入口。這對台灣
的社會來說有很大的意義，也意味著台灣社會在工業化的過程中，
與依然停留在農業社會的中國社會相比較的話，二者之間質的差異
會愈來愈大。我們看看中國的情況，1940 年時的中華民國不談，就
連進入 1960 年代的中華人民共和國，其工業生產量還是不及農業
生產量的。不可否認的，像這樣的生產型態之相異，也是形成了與
中國人、中國社會迴異的「台灣人」共同意識（認同）的要素之一。

　　台灣的工業設施，於 1944 年的大空襲中遭到了很大的破壞，
同年 3 月為止的一年之間，生產了如下的主要工業產品（《台灣統治概
要》，頁 370)。

銑鐵	1,577 噸
石灰氮	1,135 噸
碳化鈣（電石）	1,132 噸
氧氣	599,413 立方公尺
燒碱	605 噸
鎂	44 噸
水泥	36,783 噸
耐火磚	1,506 噸
無水酒精	1,824,000 公升
含水酒精	5,077,000 公升
鋁	984 噸

徹底的庇護財閥

　　以上所見的產業發展，毫無疑問也帶給台灣人利益。可是，在台日本人與台灣人之間卻沒有公平的分配其應得之利益。兩者之間的財富分配，必須從動產、不動產的所有狀況，以及從各方面來作一個總合的計算，才能正確的得知。我們姑且把儲蓄金額狀況當作是大致上的標準來看看。

　　1941、42年度，在台日本人及台灣人的儲金狀況如表9所示，在台日本人的人口不過是台灣人口的16分之1，但是銀行存款及儲蓄存款卻占了台灣人的1.5倍。單純計算的話，日本人與台灣人比起來，每個人的儲蓄存款大約是24:1。在台灣的產業振興到底是為了誰，該可以很清楚的看出來吧！

　　台灣的主要產業大都操縱在日本的三菱、日產、三井三大財閥的手裡。日本人所有的對台投資的公司中，投資額居上位的21家公司之投資總額，達4億5,543萬日圓 (1945年)，其中三菱、日產、三井等三大財閥就占了62.8%(涂照彥《日本帝國主義下の台灣》，頁354)。能讓這些財閥在殖民地上如此的發展，完全是靠台灣總督府的庇護。這現象是非常明顯的，日本的半官方刊物《台灣經濟年報》(昭和16年版，頁78)，也曾對此現象加以指摘。

　　台灣的財富大都操縱在財閥的手裡，他們壟斷了以製糖會社為中心的工業。在台日本人無論是官僚或是參與民間業務的，並不一定就是生活得非常富裕的。他們性喜華美，生活浮華闊氣，可是在經濟上卻是非常困難的。從經濟上來看，不能說全部的在台日本人都是台灣經濟的「榨取者」。

在此順便一提的，由於國政參政權是以地域主義為基準，所以
身為日本人的在台日本人如果要享受參政權，就必須回到日本本
國。以當時的交通而言，並不是一件容易的事，因此，實質上和台
灣人同樣，並沒有享受到此參政權，好不容易到了 1945 年 3 月才
與台灣人一樣，得到了國政參政權。

　　還有一點，那些念台北帝國大學的在台日本人，回到日本本土
以後，就任公職時，也常受本國機關之差別待遇。從這些觀點來看，
在台日本人也有其犧牲的一面。

表 9：日、台人儲蓄金對照表

項目　　　人別	銀行、儲蓄存款（日圓）		人口	
	在台日本人	台灣人	在台日本人	台灣人
1941 年	99,137,378	64,356,324	365,682	5,832,682
1942 年	118,016,851	78,147,204	384,847	5,989,888

●根據同刊行會《台灣經濟年報》第 4 輯，台灣出版文化株式會社刊，表 2、表 31 作成。

第五章 台灣總督府的權力

第一節 台灣總督的地位

中央主管機關

　　台灣總督沒有任期，歷任總督任職期間長短不一，第5任的佐
久間總督掌權長達9年之久，第15任的南總督卻僅僅任職3個月。
任命總督之時，未必是為了實現某一特定政策而選出適當人選。除
了少數例外，多半取決於派系、人際關係的因素。

　　日本政府設有中央主管機關，負責監督總督府。這個機關由於
殖民地的擴大、其他機關的增設、殖民地政策的改變、編入內地
（指日本本土）等等理由而名稱一再更易。主管機關的名稱和法令根據
如下：

中央主管機關	法令根據	管轄地域
台灣事務局（首相管轄）	明治 28 年敕令第七四號	台灣
拓殖務省	明治 29 年敕令第八七號	台灣、北海道
台灣事務局（首相管轄）	明治 30 年敕令第二九五號	台灣
台灣事務局（內務省管轄）	明治 31 年敕令第二四號	台灣
內務省	明治 31 年敕令第二五九號	台灣
拓殖局（首相管轄）	明治 43 年敕令第二七九號	朝鮮、台灣、南樺太 關東州（外交除外）

內務省	大正 2 年敕令第二五號	朝鮮、台灣、南樺太
拓殖局（首相管轄）	大正 6 年敕令第七三號	朝鮮、台灣、南樺太
		關東州（外交除外）
拓殖事務局（首相管轄）	大正 11 年敕令第四七六號	朝鮮、台灣、南樺太
		關東州、南洋群島
拓殖局（首相管轄）	大正 13 年敕令第三〇七號	同上
拓務省	昭和 4 年敕令第一五二號	同上
拓務省	昭和 9 年敕令第三五三號	朝鮮、台灣、南樺太
		南洋群島
內務省	昭和 17 年敕令第七二九號	朝鮮、台灣

　　台灣總督由中央主管機關監督指示。此外，制定或修正台灣有關法律，以及總督府特別會計需要帝國議會「協贊」（表示意見）時，台灣總督的首腦人物要以政府委員的身分列席帝國議會，這是一種慣例。按照當時的日本帝國憲法，三權都屬於天皇，就立法權來講，帝國議會不過是「協贊」天皇來立法而已。也就是說，對法律案、預算案的成立，向天皇提出他們的意見。雖然憲法規定三權歸屬於天皇，實際上天皇幾乎未曾明目張膽地推翻過三權各機關的決定，因此可以說，立法權屬帝國議會，三權分立的制度相當受尊重。

　　台灣總督之中，只有兒玉源太郎和田健治郎曾經以政府委員身分出席過帝國議會，其他都是由民政長官出席。情況不一定，或許是為了確保總督權威吧！

與朝鮮總督之比較

　　台灣總督在台灣擁有非常大的權力，但是在日本本土的地位則遠不及朝鮮總督。

　　朝鮮是一個被併入日本版圖的「獨立國」，所以朝鮮皇帝也名列日本皇族之中，於是管轄朝鮮的朝鮮總督，在制度上，就被安排在台灣總督之上。兩者都是天皇親自召見任命的親任官，但是依照規定，朝鮮總督直屬日本天皇（明治43年「朝鮮總督府官制」），台灣總督則沒有這種規定。朝鮮總督直屬天皇的規定沿用到1919年，但是那以後的朝鮮總督依然可以透過首相間接上奏各項政務，享有台灣總督所沒有的地位。因為有這樣的前因後果，所以中央主管機關即使同樣地「監督」兩總督，對台灣總督有非遵守不可的指示權，卻不見得可以對朝鮮總督行使同樣的權力。1942年，「有關監督朝鮮總督和台灣總督之敕令」頒布之後，才產生了對朝鮮總督也有指示權的法律上根據。這是「內外地行政一元化政策」的產物。

　　在人事及授勳行賞方面，兩位總督都能夠自行任免判任文官，但是奏任文官的進退及所轄文官的敘位敘勳，朝鮮總督得以透過首相上奏。不過，1942年改制之後，朝鮮總督的優惠待遇被取消，和台灣總督一樣，必須由主管大臣透過首相上奏。

　　與天皇的關係方面，兩殖民地的總督一直都有相同之處：(1)都是親任官，(2)在前期武官總督時代，於委任範圍內可統率陸海軍，(3)制定「律令」（在朝鮮則稱之為「制令」）時，須透過主管大臣請天皇裁決。

　　從皇宮中的席位可以很明顯地看出朝鮮總督的地位很高。皇宮中席位從最高的「第一階」開始，「第二階」是高等官一等，依此類推下降，到「第十階」的是高等官九等、勳八等，共計十階，每

一階再細分高低。最高的「第一階」之高低細分，依次如下──

　　　第 1：得到大勳位勳章者

　　　第 2：首相

　　　第 3：樞密院議長

　　　第 4：為酬庸元勳，給與大臣禮遇者

　　　第 5：元帥、大臣

　　　第 6：朝鮮總督

　　　第 7：曾任首相、樞密院議長而受前任官職禮遇者

　　　第 8：曾任大臣而受前任官職禮遇者

　　　第 9：樞密院副議長

　　　第 10：陸海軍大將、樞密顧問官

　　　第 11：親任官

　　　第 12：貴族院議長、衆議院議長

　　　第 13：得到勳一等旭日桐花大綬章勳章者

　　　第 14：受「功一級」褒獎者

　　　第 15：公爵

　　　第 16：受封「從一位」者

　　　第 17：得到勳一等旭日大綬章勳章者

　　朝鮮總督名列第 6，但沒有台灣總督之名，想必是在第 11 級「親任官」之列。如果這位台灣總督曾任國務大臣，而且享有「前任官職禮遇」，這個時候，也不過排名第 8；如果這位台灣總督是陸海軍大將，則不過名列第 10 而已。無論如何都在朝鮮總督之下。

　　再查「高等官官等俸給令」（明治43年敕令第一三四號），兩總督的差別更是顯著。朝鮮總督的年俸，雖不及總理大臣的 12,000 日圓，但是和各省大臣同樣是 8,000 日圓，而台灣總督和關東長官一樣，是 7,500 日圓。台灣總督府的各級官吏的薪俸，也都比地位相當的朝鮮總督府各級官吏低。

　　台灣總督和朝鮮總督一樣，在殖民地享有行政、司法、立法三權。而且在武官總督時代，也一樣掌握著連本國總理大臣都無法享有的軍事權。

　　總督的大權隨著時代變遷逐漸縮小，但是他們的身分仍然和本土的行政官僚有別，始終享有三權。

第二節　台灣總督的軍事權

軍政、軍令兩權的掌握

　　日本帝國的軍事制度幾經改革，一直到日清戰爭時才大致確立。軍事權除了宣戰媾和之外，分成軍令、軍政、軍教育三項。三項各有掌管的負責人來輔弼天皇且直屬天皇——

　　軍令權：關於指揮、調動軍隊的權力，又稱統帥權。參謀
　　　　　　總長（兼任帝國全軍參謀長）就陸軍軍令權方面；軍令
　　　　　　部長就海軍軍令權方面輔弼天皇。

軍政權： 關於軍隊之建設、維持、管理謂之軍政權。陸軍
　　　　 大臣（陸相）就陸軍事宜；海軍大臣（海相）就海軍
　　　　 事宜輔弼天皇。
軍教育權： 統一規劃訓練陸軍，監軍是這方面的首腦，由
　　　　 他來輔弼天皇。

　　雖然首相是內閣首腦，但沒有上述之權限，只能接受他們的報
告，或者下令他們停止行動，聽候天皇親自裁決。如此，首相沒有
軍事權，而武官總督卻因為是武官，而以中央軍部的下層機構之名
受到委任。

　　日本占領台灣之初，樺山總督兼任軍務司令官，依據「政治大
綱」在總督府設立軍事部，「合併陸海軍而設置本部，掌管軍隊、
要塞、憲兵及艦隊巡航等相關事項」。同年 (1895 年) 5 月，制定「台
灣總督府臨時條例」，其中規定以總督為首，在總督府中設立民政、
陸軍、海軍三局。同年 8 月 6 日進入軍政期，總督府中只設民政、
軍務二局，規定「軍務局掌管台灣總督管轄下之陸海軍軍政及軍令
事宜」(台灣總督府軍務局官制第一條)。翌年 3 月，台灣總督府解除軍政
進入民政期，同年制定的「台灣總督府條例」(敕令第八八號)，明確
地規定了台灣總督掌有軍政、軍令兩權，這就是初期武官總督權限
規定的原型。該「條例」內容如下：

第 2 條　總督為親任官，以陸海軍大將或中將充任。

第 3 條　總督於委任範圍內統率陸海軍……

第 5 條　總督掌管其轄內之防備事宜。

> 第6條　總督為保持其轄內之安寧秩序，必要時得使
> 　　　　用兵力。這種情況，須即刻向陸軍大臣、海
> 　　　　軍大臣、拓殖務大臣、參謀總長及海軍軍令
> 　　　　部長報告。

　　第6條的規定，是因為兵力的使用也牽涉到軍政，所以必須向陸、海軍大臣，以及當時的中央主管機關拓殖務省大臣報告。

　　台灣復歸民政的第二年，1897年所制定的「台灣總督府官制」（明治30年敕令第三六二號），除了沿襲上述的總督府條例之外，在軍政、軍令方面有更詳盡的規定，而且又加上了陸軍教育權，該「官制」第4條如此敘述：

> 第4條　總督對於軍政及陸海軍軍人、軍屬人員之人
> 　　　　事，須經陸軍大臣或者海軍大臣處理；而對
> 　　　　於防禦作戰及動員計劃，須受參謀總長或者
> 　　　　海軍軍令部長處理；而對於陸軍軍隊教育等
> 　　　　事項，須受監軍加以區分處理。

　　在1896年制定的「台灣總督府條例」中只要「報告」便可，在1897年制定的台灣總督府官制中，則除了「報告」之外，軍政要接受軍務大臣的處理，軍令要接受中央統帥機關的處理。隨復歸民政，軍務局也就被廢止，代之以陸軍幕僚與海軍幕僚來協助武官總督。

文官總督以來之軍事權的轉移

　　台灣總督之所以能擁有軍令、軍政、陸軍教育權，可以說是因為總督出身武官，才能獲得授權。

　　1919年，修訂「台灣總督府官制」，總督的資格不再受制於「以陸海軍大將或中將充任」的條例，文官也能夠出任總督。軍事權也因此轉移到新設的台灣軍司令官手上。台灣總督為保持其轄內之安寧秩序，必要之時不得自行調動軍隊，而是「得向（台灣）陸海軍司令官請求調動軍隊」（大正8年敕令第三九三號「台灣總督府官制」第3條2項）。

　　在這裡應該一提的是，1919年修正的條例，並不是排除武官總督之任命的「完全的文官總督制」，而是一種「文武總督併用制」，所以規定「總督若為陸軍武官則得以兼任台灣軍司令官」（「台灣總督府官制」第4條）。在法令上，武官可以就任總督，如果是陸軍武官，還可以兼任台灣軍司令官。

　　這項規定只提到陸軍武官，並不是忽略了海軍武官出任總督的可能性，而是因為台灣軍具有陸軍的性質，所以軍司令官應該由陸軍武官擔任。明石元二郎和安藤利吉是陸軍，所以能夠兼任台灣軍司令官，長谷川清出身海軍，所以另外任命陸軍的本間雅晴、安藤利吉出任軍司令官。

　　在這裡應該提到職業軍人的退休問題。職業軍人服務期間，依照軍階各有退休年限。退休後被編入預備役，但仍保留軍人身分。因此，小林躋造總督雖已從現役退休，仍算做武官總督。

　　文官總督從田健治郎到中川健藏，歷經9任17年，其間13次更替軍司令官。軍司令官任期比總督短。當時除霧社事件外，幾乎沒有大規模的動亂，不必勞動台灣軍出動鎮壓。因此，台灣軍沒有過度蠻橫的暴行。然而，軍司令官和總督之間的權力鬥爭，常演變

成「雙頭魔」。不過，這種鬥爭的原因有一部分來自制度上的理由。

1919 年，設立了台灣軍司令官制度以後，有時候不是陸軍中將而是陸軍大將赴任，所以地位高低往往成為紛爭的起因（《田健治郎傳》，頁 408）。在台灣地區是總督的地位高，在本土卻是大將的地位高。這在第一節提到的宮中之席位可供作參考。

對抗的形式，通常是文官對武官，陸軍對海軍。尤其在蘆溝橋事變之後，海軍活躍於華中、華南一帶，台灣軍司令部有陸軍撐腰，和擁護預備役海軍大將小林躋造的總督府文官拮抗，時有毫無顧忌之舉。海軍大將長谷川清出任總督時，太平洋戰爭爆發，當好強好鬥的安藤利吉陸軍大將（由中將晉升）就任台灣軍司令官之後，軍司令部和總督府，陸軍軍人和官吏，軍司令官和總督之間的對立更形嚴重。結果，前文中也提過的，長谷川下台，安藤接任。

第三節　台灣總督的行政權

民政長官的職務權限

台灣總督在中央主管大臣的指示監督下，「管轄台灣」、「統領諸般政務」，是台灣具有最高行政權力的行政長官。下面要針對台灣總督的行政權力——行政權、人事權、監督權、命令權、行政處分權等，做綜合性的考察。在這之前，先來談談民政長官。

總督轄下的民政部門，其最高首長之職稱歷經變換，最先由民

政局長官 (1895 年) 開始，隨而民政局長 (1896 年)、民政長官 (1898 年) 到總務長官 (1919 年)。

如果總督發生事故，由誰代理職務？ 1896 年的「台灣總督府條例」中，規定「總督有事故時，由民政局長、軍務局長之中官位高者代理其職務」(第 12 條)，指出民政局長得以代理總督職務。但是，民政局長是文官，所以代理總督職務時，是否能夠享有武官總督的軍事權，還是個疑問。想必是不行吧！

但是，前面的這項規定，在同年的敕令第九十號「台灣總督府民政局官制」之中遭到刪除。

民政局官制中，民政局設有總務、內務、殖產、財務、法務、學務、通信等 7 部 (第 10 條)，規定「局長一人是為敕任官，奉台灣總督之命，整理行政、司法等相關事務，及監督各部事務」(第 3 條)。換句話說，制度上賦給民政局長在軍務局以外的各方面擁有監督權。也就是說，即使總督出了意外事故，政務及法務方面也不會受到影響。

翌年，頒布「台灣總督府官制」(明治 30 年敕令第三六二號)，廢止民政局官制。此後，不復有民政局官制，但是它的實質內容仍然被包含在「台灣總督府官制」之中。

總督的人事賞罰權

在日本本土，從 1886 年開始，將文官分成高等官和判任官兩種。高等官又分成敕任官和奏任官，親任官在敕任官之列。1892 年修訂之後，高等官除了親任官之外又分成九等，親任官及高等官一等、二等都是敕任官，三等到九等是奏任官 (見表 10)。

表 10：日本文官官等（官位）表

高等官			判任官
敕任官		奏任官	
親任官	一等 二等	三等 四等 五等 六等 七等 八等 九等	一～四等

　　敕任官由天皇下敕命任命之，親任官則必須舉行親任儀式（即天皇親自召見任命）。奏任官由首相上奏推薦任命之，或由直屬長官透過首相上奏推薦。判任官由直屬長官逕行任免。

　　綜觀台灣總督府的組織，總督是親任官，總務長官和大學校長（台北帝大）是高等官二等或一等，總督府本府的局長、地方州知事、部分大學教授以及高級技師，多半是敕任官之中的高等官二等。總督府本府的事務官、技師、地方的廳長、大學教授、州廳的部長和課長，都是奏任官。總督府本府的「官補」、「技手」、大學助教授以至於地方警察局的警部（巡官），都是判任官。和本土的情形一樣，台灣的技師和國立、公立的大學教授的官等，比一般官僚享有比較高的官位，高等官之中這類人員占多數。

　　在官制上，「總督總管所屬官吏」，所以總督擁有大幅度的人事權、賞罰權，但是也受到若干限制。總督得以逕行任免判任官，可是在奏任官的任命上，則必須由主管大臣呈報首相，向天皇上

奏。換言之，總督在選定人選之後，形式上再由主管大臣透過首相
上奏天皇。

　　制度是制度，實際上卻是另一回事。任用內地人的場合，眞可謂
極盡通融。儘管有文官任用令（1893年），卻以特別任用的名義，先後
採用許多在日本本土當不了官的人，或者未經高等文官考試及格的
人。早川鐵治曾擔任農商務相秘書官，據他所說，當時他自己常常做
這種事，有時把判任官程度的下級官僚提升為高等官五等的參事官，
或是把六等提升為三等（安藤元節編《台灣大觀》，日本合同通信社，頁192）。

　　總督府沒有關於任免敕任官的規定，在日本本土，敕任官原本
是自由任用，也就是說，不依據該人的資格，而依實際上的需要，
加以任命。直到1899年以後，才規定除了親任官和特定的官仍屬
自由任命之外，敕任官（高等官一等和二等）要由符合一定條件的奏任
官（高等官三等以下）升任。從此以後，台灣歷代民政長官，從大島久
滿次以來，每個人都是具有高等官資格的人。當然，高等文官考試
及格後取得資格的人，也可能在人事方面因經歷不足而造成出任總
務長官時的紛爭（請參考第3章第1節總督府的人事糾紛一項）。

　　總之，台灣總督無權任免敕任官。這和日本本土一樣，敕任官
要由內閣總理上奏推薦，再由天皇任命。姑且不論任命的形式如何，
由於總督統領總督府，他的意見實際上很受重視。民政長官的職責
在於輔助總督，所以任命之時會尊重總督的意向，不過未必完全如
此。因為既然是重要職位，所以也會受制於中央政策及政略的動向。

　　總督可以懲戒所屬文官，但是一旦涉及敕任官的懲戒、奏任官
的免官這兩種事時，總督必須呈報主管大臣，經由首相上奏。此外，
有關所屬文官的敍位授勳，總督也必須呈報主管大臣，經由首相上

奏。又，總督本來直接任免隸屬於州和廳等地方官廳的判任官，但是 1920 年以後，隸屬於州的判任官由知事任免，廳的判任官則由廳長具狀呈總督決定。

在台灣服勤的軍人與「軍屬」（非軍人，但是屬於軍的文官以及文官待遇者）的人事賞罰，文官總督完全不能干預。如果是武官總督的時候，有關陸軍的事宜應聽陸軍大臣的處置；海軍事宜，則應聽海軍大臣的區分處理（明治 30 年「台灣總督府官制」）。

由此可知，台灣總督在人事方面受到限制。但是也不難想像，總督的意見在制度上看不到的地方，可以發揮相當的作用。

命令頒布權

台灣總督還可以頒布稱作「總督府令」的行政命令。這項命令有別於具有法律效力的律令（見頁 225），相當於日本本土的省令（即內閣各省大臣的命令，日本內閣各部皆稱各「省」）和天皇的敕令。

總督府令依據總督的職權，或由法律、敕令、律令加以委任而頒布。違反總督府令者，得判一年以下的徒刑或禁錮、拘留，或者200 日圓以下的罰金。換句話說，處罰的上限是一年的徒刑。

地方官廳也有權頒布州令、廳令，相當於日本本土的府令、縣令。違反者得處以 2 個月以下的徒刑或禁錮、拘留，或科以 70 日圓以下的罰金。

第四節　台灣總督的立法權

初期的殖民地法制

日本取得台灣之後，並沒有可以立即援用的殖民地法，甚至連統治政策都付之闕如。帝國議會不得不訂定最低限度的法令，以應一時之需。當初是依據「政治大綱」所提到的總督的「臨機專行」權，總督的意思就具有法令效用。總督要公告殖民地人民時，即用「總督佈告」、民政局或縣市廳的「達」(tassi，通達) 或「告示」的形式。其他則多半以行政官的權宜處分來處理 (外務省條約局法規課《日本統治下五十年の台灣》，頁57)。1895 年 8 月進入軍政時期，以軍事命令「日令」傳達重要的文書命令，其他則採訓令方式。

「日令」是軍事命令，但是不一定與軍事有關。除了純粹的軍事命令以外，過渡期的台灣民事、刑事有關的規定都根源於「日令」，粗糙而且嚴苛。

六三法──律令制定權與緊急命令權

1896 年 3 月 1 日，台灣從軍政回復民政，同月 30 日公布法律第六三號「關於應在台灣施行的法令之法律」。當時，帝國議會所制定公布的法律，以每一個年度做單位，依次編號，這個法律是第六三號。台灣人政治運動者常常引用這個法律，並簡稱為「六三法」。六三法在考察總督權力上是很重要的資料，在此列出全文。

由第 1 條可知，總督不僅有軍事權、行政權，而且也有立法權。雖然「有法律效力的命令」必須經過「台灣總督府評議會議決」，但是評議會的成員是總督本身和他的幕僚──民政局長、財務局長、陸軍幕僚參謀、海軍參謀長，加上事務官 6 名以內，與參事官

明治 29 年法律第六三號

第 1 條　台灣總督得於其轄區內，頒布具有法律效力的命令。

第 2 條　前條命令應由台灣總督府評議會議決，經拓殖務大臣呈請敕裁。台灣總督府評議會之組織以敕令定之。

第 3 條　情況緊急時，台灣總督得不經前條第一項手續，立即頒布第一條所規定的命令。

第 4 條　依前條頒布之命令，於頒布後立即呈請敕裁，且向台灣總督府評議會報告之。不能獲得敕裁許可之時，總督應立即公布該命令此後無效。

第 5 條　現行法律及將來頒布之法律，其全部或部分要施行於台灣者，以敕令定之。

第 6 條　此法律自施行日起滿三年即失效。

(1897、98 年各有修改)，從官僚組織的特徵來看，總督是頂頭人物，當然能左右全局。即使總督尊重評議會的意見，卻因為評議會只是由若干高級官僚組成，所以那些意見也不過是總督府高階層的少數人同意而已。

必須附加說明的是，總督除外，軍部系評議會員只可以發表軍事關係的意見，民政方面則不容置喙。總督雖然是軍人，但是除了總督之外，制度上是要避免軍人干政的。

總督所頒布的有法律效力的命令，雖然必須經過中央主管大臣呈請敕裁，但是中央對於偏遠新殖民地的情況不清楚，這些命令每

呈必准。

除了事前必須請求敕裁的命令，總督得在緊急時「臨機專行」，先頒布緊急命令而後再呈請敕裁（第3條）。萬一不能得到天皇裁可時，該緊急命令此後變成無效，而在此以前所做的處置一律有效，這可比擬為「先斬後奏」。

根據第1、3條頒布的總督命令，稱之為「律令」(ritsurei)，具有法律效力。總督的這種立法權稱為「律令制定權」。

根據六三法，總督的命令具有合法性，是在台灣施行的「法律」。

當然，施行於台灣的「法律」不只是律令，行之於日本本土的現行法，以及將來會頒布的法律，也可能在台灣施行。不過，在這種情況下，為了使法律的全部或部分適用於台灣，必須請求敕令，用敕令的方式加以核准（第5條）。

總督的律令制定權，在當時日本帝國的法制中，也是一種特異的存在。連天皇所頒布的敕令都不得抵觸法律，而台灣總督的律令卻不受類似的限制。在日本本土，可以代替法律的命令只有「緊急敕令」，但是台灣總督除了律令制定權之外，還有權頒布緊急命令，相當於天皇頒布緊急命令的權利。總督的緊急命令雖然事後還是必須呈請敕裁，不過，天皇的緊急敕令也受到牽制，必須由帝國議會六三法的制定過程中，有一部分帝國議會議員認為「該法侵犯帝國議會的立法權」，經過熱烈的討論之後，帝國議會採取折衷政策，限定六三法的實施期限只有3年。因此，六三法的有效期限，事前被限定到1899年3月30日為止。然而期限要到的時候，當時的日本帝國政府力主延長之必要性，於1898年，六三法依據同年制定的明治32年法律第七號，延長了3年。以後同樣，於1902年，

依照明治 35 年法律第二十號的規定，又延長了 3 年。

日本政府聲明下不為例，但是在日俄戰爭時，兒玉總督以滿洲軍總參謀長的身分出征，藉口總督遠征不在，制定明治 38 年第四十二號法律，規定六三法的有效期限到日俄戰爭結束後第 2 年的最後一天為止。結果，六三法的有效期限從 1896 年 3 月，一直持續到 1906 年 12 月 31 日，長達 11 年。

三一法——法律的優位

一國之內有多種法域或法律體系，並不妥當。法律因地而異，確是不成體統，哪有「一國兩制」之理呢？為了同化台灣人，應該採用和內地一致的法律。即使撇開這一點不說，台灣的法律任憑總督制定，這種做法根本是藐視帝國議會的立法能力。一部分議員基於這個觀點，反對延長六三法。然而，政府方面認為對異族不宜直接採行日本的國法，這樣的見解說服了多數人，才能一再延長。

但是，削減總督權限的呼聲越來越高。由於台灣的治安已經改善許多，因此制定明治 39 年 (1906 年) 第三一號法律「關於應在台灣施行的法令之法律」(名稱與前法相同)，以取代六三法，從 1907 年元旦起實施，俗稱「三一法」。

基本上，三一法和六三法在內容上相同，總督仍然擁有律令制定權和緊急命令權。在六三法中規定，總督的律令「具有法律效力」，三一法中雖沒有這項規定，卻在實際運用上具有同等效果。

不過，三一法確實削減了總督的一些立法權。六三法中沒有總督命令之抵觸規定，三一法則明文規定，在法律體系上，總督的命令位居本國法律與敕令之下。總督的命令「不得違反行之於台灣之

法律，及特以行之於台灣為目的而制定之法律及敕令」(第5條)。此外又規定，總督依據前法——六三法所頒布的律令依然繼續有效(第6條)。即使那些律令抵觸了本國的法律與敕令，也照樣有效。已經廢止的律令當然不在此限。

開始實施三一法後，總督府設置了「律令審議會」取代評議會，除了原總督府評議會的成員之外，又增加了覆審法院的院長和檢察官長，以及警視總長。日治時代的法官公正清廉之士居多，是國民黨法官望塵不及的。覆審法院院長參與律令案的審議，固然是進步的表現，但是就整體而言，無視於民意的情況，依然絲毫不變。

三一法的立法期限是5年，但是帝國議會排除了少數反對延長該法期限的異議，在1911年和1916年各延長5年。結果，三一法從1907年到1921年，共持續了15年。

法三號——補充性質的法令

1921年，日本政府制定法律第三號「關於應在台灣施行的法令之法律」(名稱又是一樣)，取代三一法，簡稱為「法三號」，從1922年元旦開始實施。

1919年，日本帝國政府決心同化台灣人，在總督府官制方面採文武官併用制，同年，首先任命文官田健治郎為總督，隨後制定的法三號，正是這種政策的變化在法律上的表現。由於考慮到文物、風俗習慣、民族等的差異，而賦予總督那麼大的權力，現在由於法三號的制定，總督的律令制定權也被削弱了。

亦即，原則上為了使日本本土的法律適用於台灣，以「法律之全部或部分要施行於台灣者以敕令定之」為前提，訂定了第一條。

於是，總督所制定的律令只具有補充性。台灣在下述情況下：(1) 在台灣有需要，但本土沒有這種適當的法律時；(2) 難以仰賴敕令行事，而且由於台灣的特殊情況，有需要時，總督才有權制定律令（第 2 條）。如此一來，律令制定權的範圍縮小了。但是，總督的緊急命令權還是維持不變。

1921 年重新設立台灣總督府評議會，與法三號的實施相互呼應。評議會的會員擴大及 25 人之內（1930 年修改為 40 人之內），而限於總督府部內高官及居住於台灣的飽學之士，以及有輝煌經歷的人。總督擔任會長，總務長官擔任副會長，會員由總督任命，任期是 2 年，但在 2 年的會員任期之中，總督有權加以解任，由此也可以知道其地位不穩。評議會本身受總督的監督，只能應總督的諮詢答覆意見，一直到 1930 年才具有向總督「建議」的機能，到台灣總督府末日為止，始終沒有獲得「議決權」。

由於 1921 年評議會的擴大，民間人士也有機會受到任命，有勢力的台灣人能夠在飽學與輝煌經歷的名義下混入在台日人之中，成為會員，但是充其量也不過是發揮一下「御用紳士」的功能而已（參照第 3 章第 2 節總督府所設置的評議會和協議會一項）。對他們來說，只是追求個人利益及名譽的頭銜罷了，並沒有絲毫足以伸張台灣人權益的貢獻可資記錄。

立法權行使之實況

從以上所述，可知日本統治台灣的 50 年間，總督一直擁有律令制定權，雖然這個權力與時俱減，在本質上無異是擁有立法權。行之於日本本土的三權分立，即使在採用同化主義之後，也不曾施

行於台灣，台灣總督依然保有強大的權力。

在這 50 年中，台灣總督共頒布了 466 件律令。其中，依據六三法者共計 174 件，年平均 13.6 件；依據三一法者共 124 件，年平均 8.26 件；依據法三號者共計 168 件，年平均 7 件。從這些數字可以發現，律令逐年累積，逐年更加完備，此外也顯示出沿用本國的法律之後，制定律令的必要性大為減少。

充分運用了律令制定權的是兒玉、後藤搭檔，光是在他們赴任之最初 2 年間，共制定了 57 件。在數量方面，件數最多的時期是 1943、44 年，這 2 年間共制定了 59 件（條約局法規課《台灣委任立法制度》附錄二）。當內地延長主義正方興未艾時，此舉實在令人不可思議，其實，這是由於太平洋戰爭末期戰況告急的緣故。

值得一提的是總督的緊急命令權，此先斬後奏的權力，實際上歷任總督只行使過 9 次而已。1896 年 4 次，1897 年 1 次，兒玉、後藤時 4 次，其中也包括「匪徒刑罰令」（參照第 2 章第 2 節抗日游擊隊的對策一項）。這道緊急命令頒布於 1898 年，內容苛刻殘酷，一直持續到台灣總督府末日為止。上述的緊急命令都頒布於六三法時代，1907 年實施三一法之後，就沒有一位總督頒布過緊急命令。為什麼呢？因為當時已有便利的通訊方式，可以立即請示，而且海上交通也更加方便，速度也加快了。總督府和本國政府的連絡、協議輕而易舉，所以歷任總督都將緊急命令權視為「家傳寶刀」，珍藏不露。

儘管緊急命令頒布次數少，該令頒布權卻能一直保留到台灣總督府末日之時，追根究底，一方面是由於殖民地總有不安的狀況，另一方面則是為了向殖民地人民顯示總督的威嚴吧！

第五節 台灣總督的司法權

對台灣人殘酷的刑罰規定

「政治大綱」之中並沒有司法方面的指示，因此當初在司法上的處置，完全任憑總督臨機專斷。1895 年 10 月 7 日，根據「日令」（軍令）頒布「台灣總督府法院職制」，審判必須在法院或者法院支部舉行。

但是，日本本國人和台灣人各有適用的法令。例如：以「日令」的方式制定的「台灣住民民事訴訟令」，規定日本本國人適用帝國民事法規，台灣人則沿用舊法──清國法，或參考一般習慣來進行審判。民事上的公平與否，依民族的不同而對公平感的感受也有所差異，所以這是很賢明的措施。然而，刑事裁判方面卻大異其趣，對於台灣人的刑罰規定，苛刻而殘酷。

台灣總督府根據「日令」制定了許多對於台灣人的刑事裁判規定。例如，「台灣住民刑罰令」、「台灣住民治罪令」等。

「台灣住民刑罰令」中規定，該令之中無明文規定之行為，若帝國陸海軍刑法及日本本國的普通刑法中有明文規定者，得用以罰之。又，依據「台灣住民治罪令」，憲兵、將校、下士、守備隊長、兵站司令官、地方行政長官、警部都可以行使檢察官的職務。罪行輕者，交由警察署長及分署署長裁判即可。

和上述二令差不多同時制定的「台灣人民軍事犯處分令」，內

容相當令人吃驚。例如，死刑的罪狀之中，竟包括「捏造流言蜚語
或喧噪呼號妨礙軍隊、艦隊、軍用船舶之靜肅者」、「將鴉片煙及
其吸食器交與大日本軍人、軍屬、其他從軍者，或供其吸食場所者」。

不過，再嚴苛的法令，也比不上藉軍事作戰之名行殺戮之實的
作為。軍政時期，有很多沒有經過公正的法律裁判而慘遭虐殺的事
例。不僅是軍政期間，甚至持續到1902年武力抗日運動頓挫時期，
亦即台灣總督府統治安定化的時期為止。

裁判官、檢察官之任命權

當初「司法權的獨立」當然不列入考慮。1895年10月，「日
令」所頒布的「台灣總督府法院職制」中，規定法院及法院支部的
裁判官一律由總督任命。

1896年5月1日，公布了「台灣總督府法院條例」，這是有
關裁判機構的最初律令。其中規定「台灣總督府法院受台灣總督府
管轄，裁判民事、刑事」（第1條），裁判官及檢察官一律「由台灣總
督補職之」（第4、7條）。所謂「補職」就是將某項職位授與官吏之意。
諸如此類，明文規定總督對法院具有管理權、人事權。1898年7
月，修改第1條為「台灣總督府法院直屬台灣總督」，爾後，曾再
三修改，但是本質上都沒有改變。

總督的司法權不止於此，根據「台灣總督府臨時法院條例」（1896
年7月1日頒布，1919年8月8日廢止），處理顛覆政府、反抗施政之暴動、
危害高官顯要、外患罪以及犯了「匪徒刑罰令」（1898年11月起實施）
諸罪的案件時，總督可以視需要在適當場所設置臨時法院加以裁
判，而不受一般裁判管轄區的限制。

　　樺山資紀於 1896 年 6 月 2 日卸下總督的寶座，任期雖僅 1 年 2 個月，但是台灣總督的司法權幾乎都在他的任期內建立的。

　　總督掌司法權，其結果是地方行政官也擁有某種程度的司法權。明治 37 年律令第四號「犯罪即決例」，給與相當於日本本國縣知事的廳長以判刑的權力，對於違反行政諸規及賭博等案得以判處 3 個月以下的刑罰。到了 1920 年，這個權力更轉給了下級的郡守、支廳長、警察署長。附帶說明一事，高野孟矩事件之後，於 1898 年制定了「台灣總督府法院條例」（明治 31 年律令第一六號），此後裁判官的地位才有了保障。「判官若非經由刑法宣告或懲戒處分，不得違反其意免官、調官。」（第 15 條）還有，「判官若因身體或神經衰弱不能執行職務時，台灣總督得經高等法院總會之議決命其退職。」（第 16 條）除了受處分，不能免掉或調動他的官職，而要命令退職，叫他去做老百姓，須有健康上之理由，而且需要最高的機關——高等法院的總會同意才可以。換言之，台灣總督不能自恃擁有任命權而任意指揮裁判。至少，裁判的獨立性獲得認可了。

　　日治時代的司法裁判獨立，實始於 1898 年，而且裁判官本身忠於法，潔身自愛，這是難能可貴的。當時確實有許多惡法，不過裁判官卻不會貪汙，使台灣人也因而確立「守法精神」。在日治時代，台灣人養成了一種「惡法亦法」的「守法精神」，使得第二次大戰之後的國民黨政權能夠輕易地治理台灣。

第六節　「台灣的土皇帝」

總督就是土皇帝

台灣總督受日本本國主管大臣的監督指示,其權力居朝鮮總督下風,然而在台灣島內的權力則非常的大。台灣總督不僅集行政、立法、司法三權於一身,而且享有緊急命令權——天皇緊急敕令權的台灣版。初期武官總督時代,更是在制度上直接隸屬中央軍部,擁有連首相都無法享有的軍事權,簡直是擁有一國專制君主之權,因此台灣人稱總督為「土皇帝」。「土」的意思是「地方」。

不過,「土皇帝」的權力並不是始終如一,而是像前面提過的與時俱減。總之,初期武官總督時代的總督權力是巔峯之極。

1919年雖然新設台灣軍司令官,但明石總督因身為軍人仍兼任台灣軍司令官,所以他的權力絲毫沒有受到改制的影響。田健治郎以後的各文官總督,都被剝奪了軍事權,權力因而減少。儘管如此,田健治郎在任期的最初2年,拜三一法之賜,享有比後來的總督更大的律令制定權。

此後,總督的權力不斷地被削弱,連後期的武官總督長谷川清也不例外。到了最後的總督安藤利吉時代,安藤終於掌握了軍事權,不過,這並不是基於初期武官總督時代的總督之職而來,而是源自他所兼任的陸軍軍職——台灣軍司令官,改編後,即稱為第十方面軍司令官的軍職所致。

龐大的官廳組織

歷任總督「管轄台灣」,主宰管轄機關之總督府,統治的業務日趨龐大,總督府的機構便也隨之擴大。總督府末日之時的結構如

頁 237 所示。

警察是權力化身

「土皇帝」的權力也反映在州知事、廳長等部屬身上,他們保有「小土皇帝」的權力,而且更推演到郡守,以至於巡查等。

對一般民眾來說,連州知事也都覺得遠在天邊,總督更是天外人。只有直接接觸民眾的巡查才是台灣人眼中的總督及「土皇帝」,巡查就是總督的化身。這種現象在鄉村地區尤其顯著。在市街的重要地帶都設置了警察派出所,鄉村則是每一庄各有警察派出所,這些派出所管轄著各自的區域。鄉村的巡查,地位在地方名士之上,被稱為「大人」。

他們的可怕正如俚語所說「連哭鬧的孩子都噤聲」,令人又懼又恨。母親騙哭鬧的孩子說:「大人來啦!」小孩子就不敢再哭,這種情形已經司空見慣。

在日本帝國的所有領土之中,台灣地區的警察密度最高。試列舉 1922 年的統計,以下是每一名警察管理的住民人數:

台　灣	547
南樺太	572
關東州	797
朝　鮮	919
「內地」	1,228
北海道	1,743

連被評為「武斷政治」（軍人專政）的朝鮮，從住民人數的比例來看，警察的數目大約只是台灣的一半；就面積比例而言，朝鮮每一平方公里有 1.3 名警察，台灣則是 3.1 名（台灣總督府《台灣現勢要覽》大正 13 年版，頁 45）。

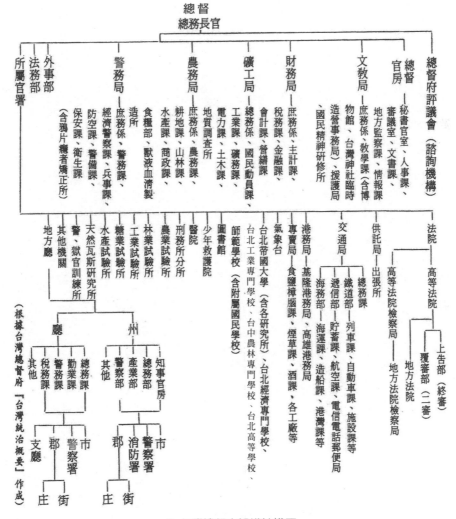

↑ 台灣總督府組織結構圖

第六章

台灣總督府的末日

第一節 始終一貫的差別待遇

在台日人的流動

在台日人，即所謂的內地人，人數並不多。1943年約40萬人，占台灣總人口660萬的6%而已。日本帝國政府獎勵移民台灣，發給獎金，甚至建立了內地人村，但是到1939年底為止，定居內地人村的只有1,842戶農民，489戶漁民（拓務省《拓務要覽》昭和15年版，頁549），或許是因為無法適應風土氣候吧！

↑賀田移民村：日治時期的日本內地人村之一。

↑日本內地人村：1935 年的吉野村。

↑日本內地人村：花蓮縣豐田村。

　　日本占有台灣之前，只有兩個嫁給外國人為妻的日本人定居台灣，但是也沒有證據顯示占有之後大舉遷移。內地人自由渡台，始於 1896 年回復民政之時。最初的 10 年之間，平均每年約增加 5 千多人，到 1905 年時，內地人大約有 6 萬人。一直到 1914 年都不斷有日本人遷入台灣。但是自 1915 年以後，卻出現逆流回日本本土的現象。此後，在台日人人口的增加，主要是在台灣出生的「灣生」有以致之。雖然第二代在台日人（灣生）不一定定居台灣，

但是他們的人數從 1906 年到 1943 年為止，合計有 20 萬人以上（表 11）。

在台日人的職業分布，依據 1930 年第 3 次國勢調查，結果如表 12。

表 11：在台日人人口流動表

項目 年度	人口	一年增加人口	在台出生人口	流入增加人口
1896	8,633			
1897	16,321	7,688		
1898	25,585	9,264		
1905	59,618	6,253		
1906	71,040	11,422	1,922	9,500
1907	77,925	6,855	2,277	4,608
1908	83,329	5,404	2,419	2,985
1909	89,696	6,367	2,661	3,706
1910	98,048	8,352	2,967	5,385
1911	109,786	11,738	3,464	8,274
1912	122,793	130,007	3,665	9,342
1913	133,937	11,144	4,115	7,029
1914	141,835	7,898	4,372	3,526
1915	137,229	-4,606	4,493	-9,556
1916	142,452	5,223	4,766	457
1917	145,232	2,780	5,426	-2,646
1918	148,831	3,599	5,267	-1668
1919	153,330	4,499	5,098	-599

1920	166,621	13,291	5,458	7,833
1921	174,682	8,061	6,131	1,930
1922	177,953	3,271	6,574	-3303
1923	181,847	3,894	6,365	-2,471
1924	183,317	1,470	6,620	-5,150
1925	189,630	6,313	6,557	-244
1926	195,769	6,139	6,394	-255
1927	202,990	7,221	6,473	748
1928	211,202	8,212	6,731	1,481
1929	220,730	9,528	6,495	3,033
1930	232,299	11,569	927	10642
1931	243,872	11,573	7,329	4,244
1932	247,569	3,697	7,778	-4,081
1933	256,327	8,758	7,979	779
1934	262,964	6,597	7,718	-1,121
1935	269,798	6,834	7,999	-1,165
1936	282,012	12,214	7,918	4,296
1937	299,280	17,268	8,538	8,730
1938	308,845	9,565	7,733	1,832
1939	323,148	14,303	7,976	6,327
1940	346,663	23,515	9,394	14,121
1941	365,682	19,019	9,906	9,113
1942	384,847	19,165	10,990	8,175
1943	397,090	12,243	11,471	772

●《台灣總督府警察沿革誌》第 2 篇上，頁 239；
《台灣省 51 年來統計提要》頁 76、125。

以某一特定時期來類推全部時期，雖然不很正確，但是不妨視

為一種指標。至少在 1930 年時，官吏、軍人、教育、交通等方面
的軍公教人員，約占在台日人人口的一半。從事工商業者，占 3 分
之 1 強，從事農業等第一次產業者少之又少。

表 12：在台日人的職業分布 (1930 年)

職業	人數	比率 %
農業	4,449	4.69
水產業	1,620	1.71
礦業	418	0.44
工業	14,784	15.59
商業	18,135	19.13
交通業	9,063	9.56
官吏	21,627	22.81
軍人	6,987	7.37
教育	4,247	4.48
自由業	9,005	9.50
其他	4,466	4.71
計	94,801	100.00

●根據《台灣省 51 年來統計提要》頁 139，官吏一項包括法務、宗教關係者。

日人來台的動機

日治初期，日本人是在什麼動機下渡海來台的呢？ 1896 年 7
月，法制局參事官石塚英藏 (1929 年被任命為台灣總督) 向伊藤博文總理
提出報告書，內容如下：

台灣官吏中，固然有以經營台灣為己任，決心埋骨是

處而赴台者，同時亦不乏下列之輩：

一、在本土無任官資格而欲於波地取得任官之榮譽
　　者。

二、縱然暫時為官，最後目的卻於官職之外意欲投機
　　暴利者。

三、以增加薪俸或增加「恩給」（官吏退休後，能按月支領的
　　年金）為目的而赴台者。

四、以貯蓄（或償債）為目的而赴台者。

五、於台灣提升自己地位以求轉任本土者。

（伊藤金次郎《台灣欺かざるの記》，頁 243）

難怪連乃木總督都嘆息道：「土匪是該抓，可是當務之急是抓
官匪哪！」

民政長官後藤新平如此描述與台灣人直接接觸的警察：

起初招募巡查時，情況如何呢？志願者從本土出發
時，帶著木匠、水泥匠的用具。……一開始就是想拿公家
的錢作旅費來台，一旦被罷職，便以木匠、水泥匠為生。
真是不成體統，……舉此一例，請萬事明察。

（後藤新平《台灣殖民政策一斑》，頁 63）

初期的情況如此，那麼後期的官僚又如何呢？台灣日日新報主
筆伊藤金次郎批評道：

> 有些官員並不是做官的材料，卻因為是日本人而能占
> 有領導地位，在家中則以賤價僱用台灣人做家僕。
>
> （伊藤，前揭書，頁175）

依據「朝鮮台灣樺太南洋群島在勤文官加俸令」，只有內地人官吏才能加薪，奏任官以上大約加五成，判任官加六成或八成，還可以領住宿費，服勤年限方面，在日本本土要15年才能領「恩給」，在台灣則縮短為10年，條件相當好。

日本人有很多美德，眾所皆知。但是，在台灣從事新聞工作達25年之久的日本人泉風浪，如此描述他在台的同胞：

> 我不敢主張增加在台日本人的數目。無情無操守的，
> 那些只有軀體而無精神的人比比皆是，令人心驚。左看右
> 看盡是以利益串連而已。有利則聚，利盡則去。賣友求榮
> 還算好，尚有人為了保護自己，連恩人也出賣犧牲掉。雖
> 然是這樣可鄙，他們畢竟也是日本人呀。難道要把他們丟
> 進海峽嗎？
>
> （泉風浪《新聞人生活貳十有五年》，頁282）

學習台灣話

然而，日本為了統治異民族的台灣，也付出了相當的努力。

第2任的桂太郎總督，把學習台灣話也列為施政方針之一，他說：

通曉人情風俗語言，方能達到地方行政之目的。是故，
教導當地人學習國語（即日語）之同時，官員亦當盡量努力
研習台灣話。尤其警察、稅吏之類與人民有直接關係者，
更當如是。　　　　　　　　（井出季和太《台灣治績志》，頁254）

　　結果，10年後的1905年，在台日人中約有10.3%(相當於6,710人)
會「說」台灣話（福佬語、客語、原住民的各種語言中之任何一種），而且其中
有208人當作最常用的家常語言（《1905年臨時台灣戶口調查記述報文》，頁
232）。究竟能「說」到什麼程度，雖不甚清楚，不過，統治台灣10
年以來就能有這麼高的百分比，實在是因為台灣的日語教育不十分
普及，日本人迫於日常生活及公務上的需要，不得不學台灣話，並
不見得是尊重台灣話。

　　1904年竹越與三郎訪台時，在覆審法院中看到法院備有通譯
者，負責把日語譯成清朝官話，再轉譯成台灣話，他覺得很奇怪，
詢問當局為什麼不直接把日語譯成台灣話？得到的答覆是：「堂堂
天朝法官直接與向來受輕視的土話通譯者交頭接耳，有失其威嚴，
並不是能使土人信服法庭的做法。」裁判官認為直接和台灣話通譯
者說話，是一件汙穢的事（竹越與三郎《台灣統治史》，頁310）。

　　這是日本官吏藐視台灣話的一個事例，也是沿襲清朝舊規而來
的。第二次世界大戰之後，國民黨政權不僅不學台灣話，還百般地
加以抑制。從這個事實看來，台灣話的歷史正是台灣人的受難史。

　　總之，在台日人會「說」台灣話的人口，在1915年達到
16,591人，占當時人口的12.2%。1920年達到17,273人，占當
年人口的10.5%(台灣總督府《台灣現勢要覽》大正13年版，頁45)。此後的數

目不太清楚,照理說,日語普及之後應該會減少,可是,因為「灣生」的增加,會「說」台灣話的在台日人也許反而增加也說不定。

「內地人」與「本島人」

使台灣工業化、提高生產力的是台灣總督府,而渡海來台的日本人的努力也功不可沒。這都是事實,但是,這就是發展的唯一原動力嗎?

自 1928-29 年擔任台灣總督的川村竹治,在他的著作《台灣の年》中嘆息道:

> 除了官吏以外,住在台灣的內地人多半沒有力量。雖然經營糖廠、銀行等相當大規模的事業。但是,連董事這類的幹部,充其量也不過是受僱用的人。在財力上,畢竟難以與本島人競爭。……
>
> 期待能成為台灣經濟中堅的人物,多半是這些扶不起的阿斗。站在實業界第一線的這些從事工業、農業、商業的人,本來應該努力,卻不大認真。從事農工業的人,了不起是穿西裝打綁腿在一旁監督指揮,而不屑於直接參與勞動。商人也只是穿著盛裝和服,坐鎮在店裡擺老闆的架子。如果是本島人,即使家財萬貫,也會親自搬運送貨。反之,內地人借錢做生意,還袖手不動。內地人的團體舉辦娛樂的時候就笑嘻嘻地參觀,衣食住也樣樣不樸實。重要的場面還穿上西洋大禮服出席公會,頗以擁有特權而自豪。這如何與台灣人一比身手呢?

（頁19）

　　1940年，大阪每日新聞社集合了總督府最高幹部和財經界指導者舉辦座談會，討論台灣的過去、現在、未來。部分內容列舉如下——

　　後宮信太郎（台灣商工會議所會長）：「台灣真是個得天獨厚的地方。……以我待在台灣的長期經驗來說，即使有內地人去台灣工作，不出一年半載，全都敗在台灣人手下。勞動方面實在敵不過台灣人。」

　　下田將美（每日新聞總編輯）：「做生意也好，做工也好，都輸台灣人；做什麼都沒有內地人立足之餘地，這一點得好好反省才行。」

　　水津彌吉（台灣銀行總裁）：「在生活方面簡直無法競爭。」

　　下田將美：「現在已經束手無策了。高木先生，怎麼樣？在台灣的第二代日人和台灣人比起來，體質、素質都差，怎麼做才好？原因是什麼呢？」

　　高木友枝（前總督府衛生局長）：「有人說是水土不服。不過，我認為除此之外，父母親的想法不對也是原因之一。……從小就教孩子們輕視台灣人，結果自己變成了傻瓜。」

　　　　　　　　　　（大阪每日新聞社編《南方の將來性》，頁64以後）

對台灣人的蔑視與差別待遇

　　台灣的建設並不是僅靠在台日人的努力，然而內地人以統治者

自居，藐視台灣人，連純真的孩童也從小就被灌輸這種觀念。中等以上的學校都被這些內地人第二代占了大部分的名額，台灣人很少有公平競爭的機會。台灣青年無法在台灣接受中等、高等教育，只好轉往日本本土求發展。不過，泉風浪又說：「即使在內地念完高等教育後，再回到故鄉台灣來，也找不到好的工作。」（泉，同前書，頁341）日本是重視國立大學的國家，而去日本本土留學的台灣人，大部分是在私立學校念書，台灣人找不到好的工作，這是原因之一。除此以外，台灣人受到差別待遇不被聘用，也是原因之一。

但是最令台灣人傷心的，不是差別待遇，而是「蔑視」。終生以親日知識份子自任的一位台灣人，在遺稿中寫道：「日本的台灣總督雖然高唱『一視同仁』，大家都是日本人。但是身為本島人，我們感受到許多差別，最令人難受的是，正式享有日本國籍的本島人，被多數內地人用對中國人的蔑稱——清國奴 (Chiangkoro) 來稱呼。」（周慶源《台灣人からみた日本人の英知》，藏元文焜發行，頁59）

不止於 Chiangkoro，還有「儞仔」(liiya) 這個稱呼，使台灣人討厭，而且引起反感。日本人叫傭人、部屬、後輩，常常以「你」(omae)、「君」(kimi) 代之。而台語的「儞」，正是日語的「你」或是「君」。為表示親密感，台灣人常在人名後面加上一個「仔」(à)。於是日本人也用上了，在叫傭人、人力車車伕、小販時，就大聲喊「儞仔」(liiya)。這還可以，可是用慣了，他們要向一般台灣人講話而叫對方時，這句「儞仔」常常脫口而出。如果對方的這個台灣人是知識份子，那會受不了，因為日本話的「ya」，常是附在年紀大的男傭人「爺仔」(jiiya)、年紀大的女傭人「婆仔」(baaya) 後面的。

還有，日本人稱呼台灣人時，常常以「土人」稱之，這有未開

發的在地人之意。關於這些，台灣人有不能忍耐的被侮辱感。當時訪問台灣的眾議院議員田川大吉郎，在他的報告裡如此的說（田川《台灣訪問の記》，頁127）。

這種傲慢的作風與身分高低無關，連大雜院裏的日本太太們也都妄自尊大，對台灣人擺出一副高高在上的態度。

被內地人的傲慢和侮辱刺傷的，不只是台灣的平民百姓。在台灣總督府工作，諂媚內地人而獲得財富地位的台灣人御用紳士也不例外。把勳六等單光旭日章得意洋洋地掛在胸前的辜顯榮，看在新竹支廳的一名殖產課員眼中是「不知天高地厚的本島人」，而被帶到支廳辦公室訓誡一番（《辜顯榮翁傳》，頁30）。此外，總督府的某局長夫人在法國一場刺繡講習會上，對某「本島人紳士的夫人」說：「你們的位子在那邊。」把她趕到一邊去（枠本誠一《台灣秘話》，頁109）。

這種事例不勝枚舉，任何受過台灣總督府統治的台灣人，多多少少都有類似的經驗。所以台灣話中即使有「內地人」(roe-te-lâng) 的說法，一般人卻不這麼說，通常都是用「日本仔」、「四腳仔」、「狗仔」、「臭狗仔」之類的稱呼，來表現心中的怒氣。因為日本人老是耀武揚威，動不動就大吼大叫吧！在第二次世界大戰之後，國民黨政權占領台灣實施高壓政策，台灣人把那些中國人叫做「豬仔」，因為他們都是如同豬般貪婪的貪官汙吏。

排擠本島人的官廳

台灣總督府本身在人事上排擠台灣人自不在話下，連州、市、郡的各級官廳也是相同的作風。台灣被日本統治的50年間，當過

郡守的台灣人，包括海山郡守李讚生在內只有 4 個人，州知事、廳
長、市尹等則無一人。連最低階層的行政首長街長、庄長也幾乎清
一色都是日本本國人。

行政機關首長之外的情況又如何呢？查閱 1945 年 8 月的總督
府職員錄的話，可能比較正確。但是筆者資料不足，只好從有 667
頁的 1943 年度《台灣總督府職員錄》找起。結果，除了教職人員
和醫師以外，官位在奏任官以上的台灣人，只有下列數人：

總督府書記官	高等官三等一級	台南	劉茂雲（豐岡茂雲）
警務局衛生課技師	高等官三等	台中	黃松宮
專賣局煙草課長	高等官五等六級	台南	林秀旭（松林秀旭）
財務局金融課長	高等官五等七級	新竹	林益謙（林 益夫）
殖產局商政課事務官	高等官六等八級	台中	張水蒼（長村蒼樹）
殖產局農務課事務官	高等官七等十級	台中	楊基銓（小柳基銓）
新竹州產業部長	高等官三等五級	台中	林德欽（林 恭平）
台北州商工水產課長	高等官五等五級	台南	黃介騫
台東廳勸業課長	高等官七等八級	神奈川	林伯可（小田原伯可）
新竹地方法院判官	高等官四等六級	台南	（南鄉光輝）
高雄地方法院判官	高等官七等十級	台中	（武村銓一）

前面提到有 4 個台灣人做過郡守，其中的 3 個人就是表中的劉
茂雲、林益謙、楊基銓。台灣人「官吏」幾乎都是臨時性質的雇員、
囑託（特約專員），而且人數也很少，判任官更是寥寥無幾。

並不是沒有台灣人在日本本國官廳工作，例如鐵道省建築技師

周頭（高等官七等）、京都地方檢察廳檢事（檢察官）王育霖等人，但是不出 30 人。

更令人驚訝的是，台灣總督府管轄下，多達 11,000 人的警察人員當中，雖然有台灣人巡查和輔助的警手，但是地方的「警部補」連一個都沒有，更甭提「警部[4]」了。

教職人員方面，有台南高等工業學校教授林茂生是高等官二等。此外，50 年間，台灣人之中官階最高的是高等官一等六級的台北帝大教授杜聰明（醫學部），在教育界，台灣人高等官也是屈指可數。再加上高等官七等十級的台南高等工業學校教授潘貫、高等官七等待遇的江厝店國民學校校長曾柱在內，教育界只有 4 人之多。

1943 年有 1,074 所國民學校，除掉分校，包括代理校長在內，只有 6 位台灣人校長而已（前述的曾柱、口湖國民學校校長吉本興隆、內垵國民學校校長宮島宏光、大嶼國民學校校長高振坤、內柵國民學校校長田川一夫、圓頂國民學校代校長藤村晃），除了曾柱，其餘都是判任官。公立中等學校，沒有台灣人擔任校長。

人才輩出的醫療界也只有樂生醫院主任醫師廣瀨秋濤是高等官四等五級，花蓮港醫院醫官蘇丁受是高等官七等七級。

1943 年度，台灣總督府的高等官，包括教職人員在內，共有敕任官 93 人，奏任官 1,351 人，合計 1,444 人。但是其中台灣人只有前述的 16 人，再加上筆者查漏的人數，可能也不會超過 30 人，

❹ 台灣人也有過一位「警部」，不過不知道轉到何處去了，竟然找不到他的名字。又日本警察的官階，由上而下依次為：警視總監、警視監、警視正、警視、警部、警部補、巡查部長、巡查、巡查補。

這難道是因為台灣人的知識水平太低嗎？

教育上的差別待遇

到 1940 年為止的初等普通教育，內地人的子弟大都念「小學校」，台灣人的子弟則念「公學校」，採取「分離」的教育政策。日本當局當然不會公然表明對台灣人的民族差別待遇，而是藉口「國語」（指日語）的程度及能力有別，不得不採取這種措施。

中等以上的教育，在制度上是「內台共學」。而事實上，因為入學考試往往有意排擠台灣人考生，所以成為「內地人專用」的中學。這種作風的結果，台北一中、台中二中、台南一中、台北一高女、台北二高女、台中一高女、台南一高女等學校，儼然都是「內地人中學、高女」，即使有台灣人學生，一班裏也頂多 2、3 個人而已。於是，台灣學生只好去其他開放給台灣人就讀的學校，亦即台北二中、台中一中、台南二中、台北三高女、台中二高女、台南二高女等等。

任何中學、高女，「一」都是內地人的學校，而「二」除了台北二高女之外，都是台灣人的學校。只有台中例外，在內地人的中學成立之前，已在熱心教育的林獻堂的努力下成立了台灣人的中學，因此竟然「僭越」，也搶先用了「一」了。

和日本人的子弟比起來，台灣人的子弟人數很多而學校很少，僧多粥少的情形下，當然升學競爭激烈。而且台灣青少年之中，沒有自信的，一定連報考都不會來，來報考的人一定是來者不善。因此，聚集在「窄門」前的，盡是人中精英，決不遜於日本人學生。以 1933 年為例，中學的升學競爭比例，內地人是 2 錄取 1，台灣

人是 5.4 取 1。然而，在殖民地台灣，內地人中學畢業後，卻能享有比台灣人中學畢業更好的待遇，看起來好像他們比較優秀似地。讓我們來看看具體的數字吧！

台北高等學校是當時台灣唯一的「高等學校」（當時，日本的中學校是 5 年制，公立高等學校是 3 年制。日本本土只有 6 所公立高等學校，後來在台灣與朝鮮各設 1 所，合起來，全國只有 8 所，因此畢業生幾乎通通能考進東京帝大、京都帝大）。台北高等學校 1941 年度共有學生 627 人，其中內地人 506 人，台灣人 121 人。又，同年度的台北帝國大學預科（由中學考上），共有學生 155 人，其中「內地人」142 人，台灣人只有 13 人。台灣人學生一開始便註定了失敗的命運。

最高學府台北帝國大學又如何呢？

1941 年的入學生總數 103 人，其中內地人 86 人，台灣人 17 人。尤其是獨一無二的人文社會科學的「文政學部」，入學生當中，內地人有 33 人，台灣人只有 2 人。對台灣人開放的「醫學部」，其入學生 20 人之中，有 14 名台灣人（《昭和 16 年台灣總督府第 45 統計書》，頁 372）。不過，如果用現代日本人或台灣人一窩蜂湧向醫科大學的感覺來理解這個數字的話，那就大錯特錯。總督府之所以開放醫學系的大門，是因為認為醫生比較不會涉及政治問題。另一方面，從台灣人的立場來看，醫生的社會地位高，不必低聲下氣，而且不致於成為「政治犯」，因此趨之若鶩。

台灣青年失去了念中學、高等學校、大學的機會時，幾乎都會放棄下一個階段的求學。只有少部分人會前往比較沒有差別待遇，學校也比較多的日本本土去「留學」。當然，這要財力夠才能成行。反過來說，有些人是因為有錢，才不會遭到差別待遇吧！有些人是

仗著有錢，想遊學內地鍍金；而一心向學，克服貧窮的苦學生也有。總之，日本帝國統治末期，台灣人留學日本本土的學生人數已達到數千人，如表 13 所示（台灣通信社《台灣年鑑》昭和 19 年版，頁 505）。

在那個時代，只要念完 5 年制中學就是中堅知識份子，台灣人中不可能完全沒有人才。事實上，台灣人的確人才輩出，可是千辛萬苦讀完大學，台灣總督府卻不肯採用。

表 13：在日求學台灣人學生數

年度 校別	1938	1939	1940	1941	1942
中學、高女	1,298	1,783	1,699	1,823	1,793
實業學校	352	478	544	634	694
各種學校 高等學校	765	1,078	1,436	1,675	2,077
大學預科	145	177	201	249	258
專門學校	1,250	1,553	1,798	1,992	1,939
大學	322	377	310	303	330
計	4,132	5,446	5,988	6,676	7,091

台灣近代學校教育，是台灣總督府的優良業績，值得給與很高的評價。然而在相反的一面，教育上的差別待遇抑制了台灣人的人才發展。同時，在仕途方面的限制政策，造成了台灣人年輕學生對前途自我設限的結果。如此惡性循環下來，終於在長期缺乏政治人才的情況下，造成了台灣人處於被統治地位的結構。

第二節 50 年的殖民統治宣告結束

日本戰敗

台灣人對於日本人戰敗之事，有各種反應。儘管日本大勢已去，卻仍然有許多人盲目地相信「不會輸的」。如今回想起來，實在是很不可思議。

一方面，可能因為「大本營發表」(全軍作戰中心的戰況公告)的宣傳魔術奏效。但是追根究底，是由於總督府在「守法精神」的教育上完全成功的緣故。「法是絕對的，上面的作為，就是法的具體表現，絕對正確。」用這種教條教導出來的「良民」，既守法又服從。因而相信政府所說的話，相信在本土決戰中，必定能驅逐「鬼畜」──英、美二軍。這種盲信，多半流傳在出入總督府轄下各官府的御用紳士，以及沒有判斷力的少年之間。

反之，親身感受到總督府的高壓手段，對於台灣人遭受到的差別待遇恨得咬牙切齒的人們，也不在少數。這些人和那些年長的人們，則預想著日本的戰敗。當然不是來自正確的預測，而是像那些相信日本會勝利的人一樣，滿懷希望地觀望而已。

在台日人之所以相信日本帝國不會敗，大概是為了想保有汲汲營營掙來的財產和地位吧！然而，軍事的關係人員、高級官僚都能夠獲得比較正確的消息，所以在沖繩(琉球)決戰前後，也有人料想

會戰敗而把家人送回日本（台灣協會編《台灣引揚史》，頁 45）。

8 月 15 日廣播的「玉音放送」中，昭和天皇無力的語調受到空中雜音的干擾，很難聽得清楚。儘管如此，戰敗的消息仍然傳遍了全台灣的各個角落。稱霸台灣上空的美國 B24 型轟炸機低空飛過，卻不聞空襲警報聲起；對空襲已經司空見慣的台灣人，一時之間還覺得奇怪呢！戰爭結束所帶來的安心與喜悅和對於未來的不安交戰著，整體看來，並不是很興奮。

在台日人官兵當然會很不安，而台灣人也不安。開羅聲明中宣布台灣歸還中華民國，雖然說是「回歸祖國」，但是一般民眾對這個素未謀面的「祖國」，一無所知。而且，日本雖然戰敗了，各種統治機構依然存在，依然具有它們的機能。看起來並沒有什麼大的改變。

國民黨占領台灣

但是，漸漸地起了變化。協助中華民國重慶政府的部分台灣人陸續回台，四處奔走，努力提高「回歸祖國」的歡迎氣氛。台灣人政治運動者，戰時受到壓制而忍氣吞聲，此時也逐漸露面了。總督府的權力已不復昔日威勢。

雖然在總督府的統治下，但是直接向人民施壓的是巡查（警員），在戰時的經濟管制中，作威作福的則是經濟警察。經濟警察是 1938 年組成，負責管制物價與物資、調整勞動力、總動員時運送物資、管制貿易、取締暴利行為、管制奢侈品的買賣、配給與管制生活必需品，在許多方面都負有指導取締的任務，對人民的生活多所干涉。1944 年一年之中，經濟警察共檢舉了 34,991 件案子，

↑ 台北市太平町慶祝光復之景，因中文書寫由右至左，國旗成了反向的順風旗。

犯案人數多達 40,691 人（台灣新生報《台灣年鑑》1947 年版）。

當時，大部分台灣人似乎對最近的不滿事項有比較深刻的印象，而對舊時代之虐殺壓制抗日運動者的事件，已比較淡化了。因此幾乎沒有發生任何針對後者的報復行動。只不過偶爾會有台灣民眾報復、毆打巡查的案件而已。台灣人超越了怨恨，反而對失敗者投以憐憫的眼光。因為台灣人自己並不是勝利者，所以，有那樣憐憫的舉動也是理所當然的吧！

從「祖國」洋洋得意凱旋回鄉的那些「半山」，到各地巡迴演說，對人們說：「台灣人不會說北京話。今後就是中國的時代了，非學國語（北京話）不可。」並且宣揚重慶國民政府的「勇敢」抗日運動。此外，重慶國民政府派來的工作人員，也到處宣傳道：「台灣光復了，回到祖國的懷抱了。台灣同胞今後不再是二等國民，而是一等國民

↑ 慶祝台灣光復參加大遊行的台灣女學生

了」、「一等當然比二等好」、「一樣是漢民族」、「都是同胞」的呼聲，聽在被日本統治而受到差別待遇的台灣人耳中，是多麼親切呀！

國民黨接收日產

自中日戰爭開始即節節敗退的蔣介石國民政府，早就退到重慶，卻意外地成為戰勝國。於是任命陳儀上將為「台灣省行政長官兼警備總司令」，1945 年 9 月 1 日在重慶設立臨時辦公處。同時

也設立長官公署和警備總司令部的聯合機關——前進指揮所，主任
是陳儀，副主任是警總副參謀長范誦堯。他們奉命編組接收台灣，
及建立台灣警備總司令部的部隊，其編制如下：

一、直屬部隊——特務團、通信中隊、通信第五區隊
二、指揮部隊
　　　1　陸軍第 62 軍——第 95 師、第 151 師、第 157 師
　　　2　陸軍第 70 軍——第 75 師、第 107 師
　　　3　海軍第 2 艦隊
　　　4　空軍第 22 地區司令部
　　　5　空軍第 23 地區司令部
　　　6　憲兵第 4 旅
　　　7　汽車部隊第 21 旅
　　　8　後勤部隊

　　的確是堂而皇之的編制，無奈徒有第二艦隊的編制，卻沒有海
軍人員能開動從日本海軍手中接收過來的船艦。結果，各個師象徵
性地派出一些兵員，組成了兩個實質的師，在美國空軍的掩護下，
分別搭上 30 多艘美國船艦，向台灣出發。10 月 5 日，范副參謀長
偕同部下從重慶飛抵台北。10 月 17 日，警總參謀長柯遠芬在基隆
登陸。他們都是仰賴美國的飛機、船艦，連陳儀長官也不例外。
　　在台日軍第十方面軍，已經在 9 月 9 日由方面軍司令官安藤利
吉出席在南京舉行的投降儀式，完成投降事宜。10 月 25 日又在台
北市的公會堂（現在的中山堂），舉行台灣方面的投降儀式。這項儀式

↑ 台北公會堂前參加受降典禮的中華民國代表團

有各方人士 180 人列席：

中華民國──行政長官陳儀、祕書長葛敬恩、參謀長柯遠芬、第 10 軍軍長陳孔達、第 2 艦隊司令李世甲、空軍第 22 地區司令張柏壽、警總副參謀長范誦堯、第 107 師師長黃某、國民黨台灣省黨部主任委員李翼中等多人。

台灣人代表──林獻堂、陳炘、杜聰明、羅萬俥、林茂生等 30 餘人。

聯軍代表──派克 (Parker) 上校等 19 人。

日本──台灣總督安藤利吉、參謀長諫山春樹、農商局長濱田一二三代理總務長官、高雄海軍警備府參謀長中澤佑等 5 人。

當時，由聯合國中國戰區最高司令官蔣介石受命的中國陸軍總司令何應欽，任命陳儀為受降官。日本的陸軍軍官，為象徵他們優越的身分，正裝時，在左腰佩帶著長長的軍刀。不過，要投降的這個時候，陸軍大將安藤總督的左腰卻是空的。安藤總督從陳儀手中接受有關投降事宜的「第一號命令」。而後，諫山參謀長向陳儀呈遞投降文書，台灣總督對台灣的統治於是結束。建築宏偉的「台灣總督府」成為「台灣省行政長官公署」。投降儀式完成之後，行政長官陳儀立即透過收音機廣播做簡短的聲明：

從今天開始，台灣正式地再度成為中國的領土，所有

的土地與人民都在中華民國國民政府的主權之下。

11 月 1 日開始接收軍事設施，一直持續到翌年的 1 月 30 日為止。陳儀以陸軍 3 隊、海軍 1 隊、空軍 2 隊，加上憲兵隊及軍政部等共計 8 隊，占領了台灣各地的軍事基地。接收的主要兵器有：船艦 525 艘、軍用機 889 架、車輛 2,097 輛（包括裝甲戰車 99 輛）、高射砲等砲類 2,039 門、機關鎗到手鎗等鎗類 133,423 挺、鎗砲彈 6,853 萬發（台灣新生報《台灣年鑑》）。

就台灣而言，國民黨政府不費吹灰之力獲得了許多戰利品，而其中最大的收穫則是 3 萬 6 千平方公里的土地。這個海上島嶼，後來成為國民黨政權流亡的基地。而 1949 年蔣介石在國共內戰中失利之後，逃到台灣，「長官公署」便又成為「中華民國總統府」。國民黨政府的高官董顯光在《蔣介石傳》（日本・外政學會）中說：「勝利帶給政府一項意外的遺產，就是台灣。」（頁 359）

台灣人也戰敗了

蔣介石得到利益，台灣人卻損失慘重。以日本帝國的軍人、軍屬的身分而病死、陣亡的台灣人多達 3 萬人，他們不同於日本本國人，沒有獲得任何的補償，遺族都陷於貧困。而活著回到台灣來的 17 萬多人，不但沒有任何的貼補，連在戰地以郵政存款方式託付日本政府保管的貯金也討不回來。更慘的是，他們唯恐會被扣上「侵略中國的共犯」之罪名，不得不掩飾自己的受傷，過著逃避國民黨政權耳目的生活（台灣人元日本兵士の補償問題を考える會《補償要求訴訟資料》1、2 集）。日本政府厚生省發表的數字如表 14。由於徵兵始於 1945 年，

↑ 王育德

所以台灣人士兵的死亡人數不多。但是，包括軍伕在內的軍屬，其死亡率高達22.2%。這究竟是怎麼回事呢？當然，幸運生還的人也少有安然無恙的，多半非病即傷──因為台灣人軍屬、軍伕和日本陸海軍軍人一樣，都要出生入死。然而，卻因為他們是台灣人，所以無法在戰後得到任何的補償[5]。

　　此外，根據日本國立一橋大學經濟研究所的分析，日本統治時代，台灣的貿易出超，在太平洋戰爭前，平均一個人是 280 日圓。這個數目相當龐大，幾等於農業勞動者一

表 14：台灣關係軍人、軍屬數

	身分	復員	死亡	計
陸軍	軍人	64,237	1,515	65,752
	軍屬	50,918	16,854	67,772
海軍	軍人	14,050	631	14,681
	軍屬	47,674	11,304	58,978
合計	軍人	78,287	2,146	80,433
	軍屬	98,592	28,158	126,750
總計		176,897	30,304	207,183

●日本厚生省發表 (1973.4.14)

[5] 經過台灣獨立聯盟日本本部中央委員王育德博士、明治大學教授宮崎繁樹博士以及一群熱心的台灣人、日本人 10 年的努力，日本政府於 1988 年 9 月 1 日起發放每人 200 萬日幣作慰問金。對象是戰死，或因戰爭而受重傷的台灣籍日本軍人、軍屬。

年分的工資。而且這個因出超而應得的「外匯」是台灣的，戰後應該屬於台灣人。但是由於當時只是用日本銀行券與日本帝國的國債等來做保證，所以現在已經不可能向日本政府索取了 (溝口敏行《台灣‧朝鮮の經濟成長》，頁 72)。由此可以說，不僅是日本帝國戰敗而已，台灣以及台灣人也都是戰敗者。

清除「日本色」

長官公署接收軍事基地的同時，也展開各地方官廳、公共設施、公共機關、學校、公營企業、日本民營公司等的接收行動。接收委員會分設於各地方行政單位，委員由「祖國」所派遣的官吏和「半山」擔任。接收的物品變成台灣省行政長官公署的官有物，但是其中一部分歸國民黨黨部所有，一部分則被接收委員和高官中飽私囊。

總督府統治末期，地方行政單位分為 5 州 (台北州、新竹州、台中州、台南州、高雄州)3 廳 (台東廳、花蓮港廳、澎湖廳)，以及在州、廳管轄下的 11 市、52 郡、2 支廳，其中除了幾個郡守之外，清一色是日本人。「祖國」的陳儀長官接收之後，把州、廳改制為縣，郡改為區，由「阿山」或「半山」擔任各縣、區的長官。其他機關的主要職位，也都被達官顯要占據。正是所謂「牽親引戚」、「一人得道，雞犬昇天」，軍閥、貪官汙吏的醜陋面貌顯露無遺。

台灣的城市街名，在總督府時代都被改成政治色彩濃厚的名稱；有的採用歷任總督的姓。例如，樺山町、兒玉町、佐久間町、明石町。有的冠上天皇的謚號，例如，明治町、大正町等。此時，日本街名全部被廢除，代以另一種政治色彩的街名。道路名稱或是

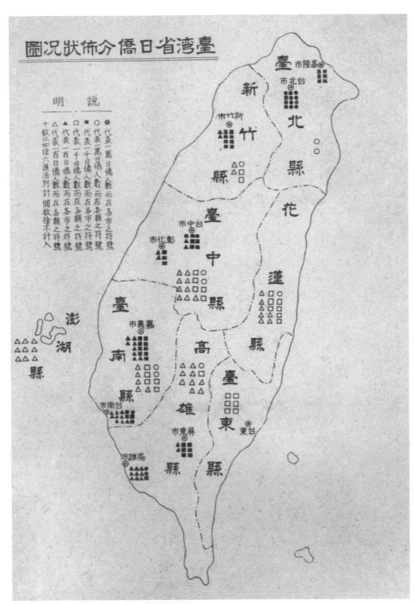

↑ 1945 年 32 萬在台日僑分布圖

採自蔣介石的號（中正）、孫文的號（中山），而命名為中正路、中山路；
或者源自三民主義而命名為民族路、民生路、民權路。

　　自動或被迫改成日本名字的人們，都紛紛把名字恢復原來的樣
子。例如，大山許丙恢復成原來的許丙、綠野竹二郎恢復成簡朗山。

遣送日本人

　　政府機關一一被接收之後，官吏成為一般平民，被稱作日僑。
軍人被解除武裝之後，被安頓在公共建築物內，他們是一群穿著卡
其色衣服的日僑。人數共計 488,165 人，其中軍人 166,009 人，非
軍人（包括在台日本人官民以及自沖繩疏散避戰的老百姓）322,157 人。

　　軍人首先要遣回日本，以防不測事態發生，實際遣送行動從
1945 年 12 月下旬開始，一直到翌年 2 月初才遣送完畢（森田俊介《內
台五十年》，頁 49）。

　　官吏和民眾，長久以來已經習慣了台灣的生活，又眼看日本
國內正面臨糧食荒，而且待在台灣也沒遭到報復，所以半數 20 萬
人左右都打算繼續住在台灣。然而，台
灣省行政長官公署只想留用必要人員，
不希望其他日本人滯台不歸，再加上經
濟不景氣日漸嚴重，治安逐漸混亂，到
1946 年 3 月時，日僑多半都希望回國（塩
見俊二《秘錄・終戰直後の台
灣》，頁 100）。

　　除了部分必要的教
育者、技術人員之外，

↑ 人力車

其他人都將被遣送回國。這些人失去了相當部分的薪水收入，只能坐吃山空。於是，在路邊擺地攤，垂頭喪氣地拍賣家庭用品、書籍的景象，處處可見。軍隊則擺起攤子大賣米粉，儘管一竅不通，卻因為加了很多豬肉和豬油，結果大排長龍。過去總督府認為，人力車伕有傷大日本帝國大國民的尊嚴，嚴格禁止，如今也有日本人淪為人力車伕。

有權有勢時，卑鄙傲慢；沒落之後，則甘於屈服。對上司行禮、笑臉恭送，回頭則怒罵自己的部下——這是日本人上下關係的模式，實在令人厭惡。但是現在親眼看到日本人自甘屈服的態度，台灣人認為這是一種「爽朗的作風」。

陳儀長官任命安藤總督為「台灣官兵善後聯絡部」的部長，負責處理遣送日僑的事務，聯絡部設在台北高等法院裡面對後街的一個房間。這幢法院建築物的二、三樓，借給疏散到各地又回來的總督府部分機關以及陸海軍司令部使用，十分雜亂。安藤總督飽受屈辱，難得在聯絡部露面，而謹慎地蟄居在兒玉町的軍司令官官舍，主要是由副部長須田農商局長指揮聯絡部。

地位僅次於總督的成田一郎總務長官，發現戰況不利，立即以公事為由逃回日本。結果被部分內地人誤解、輕蔑，認為他比不上雖是商人，卻堅持到底的製糖公司的幹部們。不過，據說真相是大戰末期他為了撤退業務回日本洽談，日本戰敗後，卻因為聯軍禁止台日之間的飛航而無法回到台灣（森田，前揭書，頁255）。

1945 年 12 月 25 日起開始遣送日本人。允許攜帶現金 1,000 日圓、若干食糧、兩個背袋份量的日常用品，還可以用船運寄送兩個 30 公斤的行李。

　　他們孜孜矻矻掙了幾十年才得到的財產，一瞬間化為烏有。公司、商店、房子都被長官公署以接收之名沒收了。沒有賣掉的傢俱則贈送台灣友人，或寄放在友人家中，約好他日取回。50 年的「帝國春夢」成為遙遠的回憶。其中也有向台灣人榨取而來的財產吧！不過，也有人是憑自己的努力而獲得的財富。總之，這批共樂共難

↑ 引揚歸國：遣送日本人。

的眾生被「國家」這個性格模糊的怪物戲弄時，必然深深感到榮枯
盛衰的無情。

除了日本人之外，遣送的對象還包括朝鮮籍的軍人 1,320 人、
非軍人 1,940 人、印尼軍人 95 人，總共 3,355 人。

軍人戰犯 98 人中，55 人以飛機遣送回日本本國，其餘另外處

理。除此之外，所有日僑都搭乘船舶，分別從基隆、高雄、花蓮港三港出發。遣送工作在 1946 年 4 月 20 日完畢。搭船之前有 242 人死亡，再減掉留用的 27,995 人，這段期間被遣送回日本的人員共計 459,928 人。

遣送工作告一段落之後，安藤總督、諫山參謀長以下的軍幹部，都在 4 月 13 日以戰犯的罪名被逮捕，15 日送往上海。抵達上海之後，安藤服下暗藏的氰酸鉀自殺身亡。安藤雖然是毀譽參半的人，但是任務達成後自殺的作為卻顯得十分悲壯可嘉。

1946 年 4 月 13 日，台灣官兵善後聯絡部解散。同年 5 月 30 日，敕令第二八七號下令廢除台灣總督府。

1947 年 2 月 28 日，一般稱之為「二二八事件」的台灣人抗暴運動發生。國民黨中央政府深怕日本人將會煽動親日的台灣人，所以在同年之中把留用人員全部送回日本。

台灣總督府消失了。但是，新的行政長官從不同的國家——中國——君臨台灣。他們坐鎮在前些日子還是台灣總督府的建築物內，成為新的統治者。

新王朝的「土皇帝」來了！另一個「台灣總督府」的時代，展開了它的序幕！

附 錄

附錄一、日本帝國內閣總理一覽表 (1892~1945)

5	伊藤博文	第 2 次	山口縣	文官		(1892 年 8 月~1896 年 8 月)
6	松方正義	第 2 次	鹿兒島縣	文官		(1896 年 9 月~1898 年 1 月)
7	伊藤博文	第 3 次	山口縣	文官		(1898 年 1 月~1898 年 6 月)
8	大隈重信	第 1 次	佐賀縣	文官	憲政黨	(1898 年 6 月~1898 年 11 月)
9	山縣有朋	第 2 次	山口縣	陸軍		(1898 年 11 月~1900 年 10 月)
10	伊藤博文	第 4 次	山口縣	文官	政友會	(1900 年 10 月~1901 年 6 月)
11	桂 太郎	第 1 次	山口縣	陸軍		(1901 年 6 月~1906 年 1 月)
12	西園寺公望	第 1 次	京都府	文官	政友會	(1906 年 1 月~1908 年 7 月)
13	桂太郎	第 2 次	山口縣	陸軍		(1908 年 7 月~1911 年 8 月)
14	西園寺公望	第 2 次	京都府	文官	政友會	(1911 年 8 月~1912 年 12 月)
15	桂 太郎	第 3 次	山口縣	陸軍		(1912 年 12 月~1913 年 2 月)
16	山本權兵衛	第 1 次	鹿兒島縣	海軍		(1913 年 2 月~1914 年 4 月)
17	大隈重信	第 2 次	佐賀縣	文官		(1914 年 4 月~1916 年 10 月)
18	寺內正毅		山口縣	陸軍		(1916 年 10 月~1918 年 9 月)
19	原 敬		岩手縣	文官	政友會	(1918 年 9 月~1921 年 11 月)
20	高橋是清		宮城縣	文官		(1921 年 11 月~1922 年 6 月)
21	加藤友三郎		廣島縣	海軍		(1922 年 6 月~1923 年 8 月)
22	山本權兵衛	第 2 次	鹿兒島縣	海軍		(1923 年 9 月~1924 年 1 月)
23	清浦奎吾		熊本縣	文官		(1924 年 1 月~1924 年 6 月)
24	加藤高明	第 1 次	愛知縣	文官	憲政會 政友會 革新俱樂部	(1924 年 6 月~1925 年 8 月)
25	加藤高明	第 2 次	愛知縣	文官	憲政會	(1925 年 8 月~1926 年 1 月)
26	若槻禮次郎	第 1 次	島根縣	文官	憲政會	(1926 年 1 月~1927 年 4 月)
27	田中義一		山口縣	陸軍	政友會	(1927 年 4 月~1929 年 7 月)
28	濱口雄幸		高知縣	文官	民政黨	(1929 年 7 月~1931 年 4 月)
29	若槻禮次郎	第 2 次	島根縣	文官	民政黨	(1931 年 4 月~1931 年 12 月)
30	犬養 毅		岡山縣	文官	政友會	(1931 年 12 月~1932 年 5 月)
31	齋藤 實		岩手縣	海軍		(1932 年 5 月~1934 年 7 月)
32	岡田啓介		福井縣	海軍		(1934 年 7 月~1936 年 3 月)
33	廣田弘毅		福岡縣	文官		(1936 年 3 月~1937 年 2 月)
34	林 銑十郎		石川縣	海軍		(1937 年 2 月~1937 年 6 月)

35 近衛文麿	第 1 次	東京府	文官	(1937 年 6 月~1939 年 1 月)
36 平沼騏一郎		岡山縣	文官	(1939 年 1 月~1939 年 8 月)
37 阿部信行		石川縣	陸軍	(1939 年 8 月~1940 年 1 月)
38 米內光政		岩手縣	海軍	(1940 年 1 月~1940 年 7 月)
39 近衛文麿	第 2 次	東京府	文官	(1940 年 7 月~1941 年 7 月)
40 近衛文麿	第 3 次	東京府	文官	(1941 年 7 月~1941 年 10 月)
41 東條英機		東京府	陸軍	(1941 年 10 月~1944 年 7 月)
42 小磯國昭		栃木縣	陸軍	(1944 年 7 月~1945 年 4 月)
43 鈴木貫太郎		千葉縣	海軍	(1945 年 4 月~1945 年 8 月)

附錄二、日本帝國內閣名稱

總理大臣（首相）
外務大臣（外相）
內務大臣（內相）
大藏大臣（藏相，即財政部長）
陸軍大臣（陸相）
海軍大臣（海相）
司法大臣（法相）
文部大臣（文相，即教育部長）
農商務大臣（農商相，1925 年廢止）
農林大臣（農相，1925 年新設，1943 年廢止）
商工大臣（商工相，1925 年新設，1943 年廢止）
農商大臣（農商相，1943 年新設，1945 年廢止）
遞信大臣（遞相，即郵政、電話、電信大臣，1943 年廢止）
鐵道大臣（鐵道相，1920 年新設，1943 年廢止）
運輸通信大臣（運通相，1943 年新設，1945 年廢止）
運輸大臣（運輸相，1945 年新設）
拓殖務大臣（拓殖務相，1896 年新設，1897 年廢止）
拓務大臣（拓務相，1929 年新設，1942 年廢止）
大東亞大臣（大東亞相，1942 年新設）
厚生大臣（厚相，1938 年新設）
軍需大臣（軍需相，1943 年新設，1945 年廢止）
無任所大臣（不管部部長）

書記官長（內閣秘書長，1885 年 12 月設立，1947 年 5 月改稱官房長官）
企劃院總裁（1937 年新設，1943 年廢止）
情報局總裁（1940 年新設，1945 年廢止）
法制局長官（1885 年 12 月設立）

附錄三、紀年對照表

中國紀年		西曆紀年	日本紀年	
光緒	二一	1895	明治	二八
	二二	1896		二九
	二三	1897		三〇
	二四	1898		三一
	二五	1899		三二
	二六	1900		三三
	二七	1901		三四
	二八	1902		三五
	二九	1903		三六
	三〇	1904		三七
	三一	1905		三八
	三二	1906		三九
	三三	1907		四〇
	三四	1908		四一
宣統	一	1909		四二
	二	1910		四三
	三	1911		四四
民國	一	1912	大正	一
	二	1913		二
	三	1914		三
	四	1915		四
	五	1916		五
	六	1917		六
	七	1918		七
	八	1919		八

民國	九	1920	大正	九
	一〇	1921		一〇
	一一	1922		一一
	一二	1923		一二
	一三	1924		一三
	一四	1925		一四
	一五	1926	昭和	一
	一六	1927		二
	一七	1928		三
	一八	1929		四
	一九	1930		五
	二〇	1931		六
	二一	1932		七
	二二	1933		八
	二三	1934		九
	二四	1935		一〇
	二五	1936		一一
	二六	1937		一二
	二七	1938		一三
	二八	1939		一四
	二九	1940		一五
	三〇	1941		一六
	三一	1942		一七
	三二	1943		一八
	三三	1944		一九
	三四	1945		二〇

● 明治四五等於大正一，大正一五等於昭和一。

主要參考文獻

沒有列在這裡的參考文獻，在本文之中，列舉其出版社。

一、公文書

外務省《日本外交文書》第 28 卷 (日本國際連合協會，1953 年)

外務省條約局法規課

《台灣の委任立法制度》(1959 年)

《律令總覽》(1960 年)

《日本統治下 50 年の台灣》(1964 年)

《台灣ニ施行スヘキ法令ニ關スル法律の議事錄》(1966 年)

參謀本部編《明治 27、8 年日淸戰史》第 7 卷 (1906 年)

台灣總督府

《台灣法令輯覽》(1921 年改版)

《台灣總督府警察沿革誌》第 2 篇上、中、下卷 (1938~42 年)

《台灣總督府官制及職員錄》(1942 年版)

《台灣統治概要》(1945 年)

《台灣統治終末報告書》(1946 年)

《台灣現勢要覽》(各年)

二、傳記

葉榮鐘編《林獻堂先生紀念集》全 3 卷 (同編纂委員會刊，1960 年)

藤崎濟之助《台灣史と樺山大將》(國史刊行會，1926 年)

渡邊　求《台灣と乃木大將》(大日本文化協會，1940 年)

宿利重一《乃木希典》(對胸舍，1929 年)

宿利重一《兒玉源太郎》(國際日本協會，1943 年)

鶴見祐輔《後藤新平傳》台灣統治篇上、下 (太平洋協會，1943 年)

信夫淸三郎《後藤新平伯》(博文館，1941 年)

三井邦太郎編《吾等の知れる後藤新平》(東洋協會，1929 年)

小森德治《佐久間左馬太》(台灣救濟團，1933 年)

小森德治《明石元二郎》全 2 冊 (台灣日日新報社，1928 年)

同傳記編纂委員會編《田健治郎傳》(1932 年)

同傳記編纂委員會編《伊澤多喜男》(羽田書店，1951 年)

上山君記念事業會編《上山滿之進》全 2 冊 (成武堂，1941 年)

伊藤隆、野村實編《海軍大將小林躋造覺書》(山川出版社，1981 年)

同傳刊行會編‧刊《長谷川清傳》(1972 年)

下中邦彥編《日本人名大辭典》全 7 卷(平凡社,1979 年)

橋本白水《台灣の官民》(南國出版協會,1924 年)

橋本白水《台灣統治と其功勞者》(南國出版協會,1930 年)

戰前期官僚制研究會編《戰前期日本官僚制の制度‧組織‧人事》(東京大學出版會,1981 年)

三、統計、年鑑

台灣總督府《台灣總督府統計書》(各年)

台灣省行政長官公署統計室編‧刊《台灣省 51 年來統計提要》(1969 年復刻版)

同刊行會編

　　《台灣經濟年報》全 4 輯(台灣出版文化株式會社,1941~44 年)

　　《台灣年鑑》(台灣通信社,1944 年)

台灣新生報社編《台灣年鑑》(1947 年)

四、論著

淺田喬二《日本帝國主義と舊殖民地地主制》(お茶の水書房,1968 年)

伊藤金次郎《台灣欺かざるの記》(明倫閣,1948 年)

伊能嘉矩《領台始末》(台灣日日新報社,1904 年)

井出季和太《興味の台灣史話》(1935 年)

井出季和太《台灣治績志》(台灣日日新報社,1937 年)

泉　風浪《新聞人生活貳十有五年》(南瀛新報社,1936 年)

王育德《台灣──苦悶するその歷史》(弘文堂,1963 年)

大阪每日新聞社編‧刊《南方の將來性──台灣と蘭印を語る》(1940 年)

加藤邦彥《一視同仁の果て──台灣人元軍屬の境遇》(勁草書房,1979 年)

川崎三郎《日清戰史》第 7 卷(博文館,1897 年)

許世楷《日本統治下の台灣──抵抗と彈壓》(東京大學出版會,1972 年)

清宮四郎《外地法序說》(有斐閣,1944 年)

黃昭堂〈日本の台灣接取と對外措置〉,《國際法外交雜誌》,第 69 卷第 1-2 號連載
　　　(1970 年)

黃昭堂《台灣民主國の研究──台灣獨立運動史の一斷章》(東京大學出版會,1970 年)

彭明敏、黃昭堂合著《台灣の法的地位》(東京大學出版會,1976 年)

後藤新平著、中村哲解題《日本植民政策一斑》(日本評論社,1944 年)

蔡培火、陳逢源、吳三連、林柏壽、葉榮鐘共著《台灣民族運動史》(自立晚報社，1971年)

塩見俊二《秘錄・終戰直後の台灣》(高知新聞社，1979年)

杉崎英信編《高砂義勇隊》(1943年)

杉山靖憲《台灣歷代總督之治績》(帝國地方行政學會，1922年)

莊嘉農(蘇新)《憤怒的台灣》(智源書局，1949年)

戴天昭《台灣國際政治史》(法政大學出版局，1971年)

台灣人元日本兵士の補償問題を考える會編(東京都世田谷區代田5-26-19)

　　　《台灣人元日本兵士の訴え　補償要求訴訟資料1》(1978年)

　　　《台灣人戰死傷5人の證言　補償要求訴訟資料2》(1980年)

　　　《國會における論議》(昭和58年)

大霞會編《內務省史》全4卷(原書房，1980年)

竹內淸《事變と台灣人》(台灣新民報社，1940年)

竹越與三郎《台灣統治志》(博文館，1905年)

涂照彥《日本帝國主義下の台灣》(東京大學出版會，1975年)

東鄉實、佐藤四郎合著《台灣殖民發展史》(晃文館，1926年)

中村哲《植民地統治の基本問題》(日本評論社，1943年)

春山明哲、若林正丈合著《日本植民地主義の政治的展開》(アヅア政經學會，1980年)

南溟漁人(西村才介)《解剖せる台灣》(昭文堂，1912年)

前田倉吉編《台灣銃後美談集》(同刊行會，1939年)

前田蓮山《歷代內閣物語》全2冊(時事通信社，1971年)

升味準之輔《日本政黨史論》全7卷(東京大學出版會，1965~80年)

溝口敏行《台灣・朝鮮の經濟成長》(岩波書店，1975年)

森田俊介《台灣の霧社事件》(伸共社，1976年)

森田俊介《內台五十年》(伸共社，1979年)

山上北雷《半世紀の台灣》(1958年)

山崎丹照《外地統治機構の研究》(高山書院，1943年)

山邊健太郎編《台灣》全2冊，現代史資料21、22(みすず書房，1975年)

劉克明《台灣今古談》(新高堂書店，1930年)

枠本誠一《台灣秘話》(日本及殖民社，1928年)

鷲巢敦哉《台灣保甲皇民化讀本》(台灣警察協會，1941年)

人名索引

名詞索引

福爾摩沙
紀事
From Far Formosa
馬偕台灣回憶錄

19世紀台灣的
風土人情重現
百年前傳奇宣教英雄眼中的台灣

前衛出版
AVANGUARD

台灣經典寶庫
譯自1895年馬偕 著《From Far Formosa》

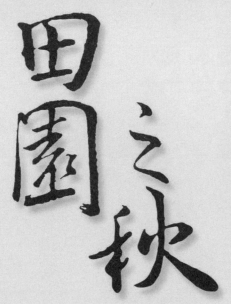

甘為霖牧師原著

素描
福爾摩沙

Eslite
Recommends
誠品選書 | 2009.OCT
二〇〇九·十月

Wm Campbell

一位與馬偕齊名的宣教英雄，

一個卸下尊貴蘇格蘭人和「白領教士」身分的「紅毛番」，

一本近身接觸的台灣漢人社會和內山原民地界的真實紀事⋯⋯

譯自《*Sketches From Formosa*》(1915)

原來古早台灣是這款形！
百餘幀台灣老照片
帶你貼近歷史、回味歷史、感覺歷史⋯⋯

前衛出版
AVANGARD

誠品書店
www.eslite.com

台灣經典寶庫4

封藏百餘年文獻
重現台灣

Formosa and Its Inhabitants

密西根大學教授
J. B. Steere（史蒂瑞）原著

美麗島受刑人 林弘宣 譯

中研院院士 李壬癸 校註

2009.12 前衛出版 312頁 定價 300元

本書以其翔實記錄，有助於
我們瞭解19世紀下半、日本人治台
之前台灣島民的實際狀況，對於台灣的史學、
人類學、博物學都有很高的參考價值。

——中研院院士 李壬癸

◎本書英文原稿於1878年即已完成，卻一直被封存在密西根大學的博物館，直
到最近，才被密大教授和中研院院士李壬癸挖掘出來。本書是首度問世的漢譯
本，特請李壬癸院士親自校註，並搜羅近百張反映當時台灣狀況的珍貴相片及
版畫，具有相當高的可讀性。

◎1873年，Steere親身踏查台灣，走訪各地平埔族、福佬人、客家人及部分高山
族，以生動趣味的筆調，記述19世紀下半的台灣原貌，及史上西洋人在台灣的
探險紀事，為後世留下這部不朽的珍貴經典。

回憶在滿大人、海賊與「獵頭番」間的激盪歲月

Pioneering in Formosa

歷險
台灣經典寶庫5
福爾摩沙

W. A. Pickering
（必麒麟）原著

陳逸君 譯述 ｜ 劉還月 導讀

19世紀最著名的「台灣通」
野蠻、危險又生氣勃勃的福爾摩沙

Recollections of Adventures among Mandarins,
Wreckers, & Head-hunting Savages

前衛出版
AVANGUARD

台灣經典寶庫 6

被遺誤的台灣 *Neglected Formosa*

荷鄭台江決戰始末記

C. E. S. 荷文原著
甘為霖牧師 英譯
林野文 漢譯
許雪姬教授 導讀

2011.12 前衛出版 272頁 定價300元

1661-62年，
揆一率領1千餘名荷蘭守軍，
苦守熱蘭遮城9個月，
頑抗2萬5千名國姓爺襲台大軍的激戰實況

荷文原著 C. E. S. 《't Verwaerloosde Formosa》(Amsterdam, 1675)
英譯William Campbell "Chinese Conquest of Formosa" in 《Formosa Under the Dutch》(London, 1903)

台灣
經典寶庫
Classic Taiwan
7

李仙得
台灣紀行

南台灣踏查手記

原著｜ Charles W. LeGendre（李仙得）

英編｜ Robert Eskildsen 教授

漢譯｜ 黃怡

校註｜ 陳秋坤教授

2012.11 前衛出版　272 頁　定價 300 元

從未有人像李仙得那樣，如此深刻直接地介入 1860、70 年代南台灣原住民、閩客移民、清朝官方與外國勢力間的互動過程。

透過這本精彩的踏查手記，您將了解李氏為何被評價為「西方涉台事務史上，最多采多姿、最具爭議性的人物」！

節譯自 *Foreign Adventurers and the Aborigines of Southern Taiwan, 1867-1874*
Edited and with an introduction by Robert Eskildsen

連瑪玉
Marjorie Landsborough

蘭醫生媽的
老台灣故事

鄭慧姃—漢譯
阮宗興—校註

蘭醫生媽的
老台灣故事

連瑪玉 *Marjorie Landsborough*

風土、民情、初代信徒

In Beautiful Formosa (1922) · Stories From Formosa (1924)

鄭慧姃—漢譯　阮宗興—校註

連瑪玉（1884－1972）　1910年來台宣教　鄭思 創辦人蘭大衛之妻

1928年，為救治一位關節嚴重潰爛的台灣囡仔，
她溘夫婿割下自己四塊皮膚，
成就了台灣醫療史上最動人的篇章～～

切膚之愛

台灣
經典寶庫
Classic Taiwan

定價 **400**元

近百年前，英國青少年的台灣讀本
女性宣教師在台灣各地親身見證的庶民生命史

宣教師連瑪玉（「彰化基督教醫院」創辦人蘭大衛之妻），為了讓英國青少年瞭解台灣宣教的實際工作，鼓舞年輕人投身宣教的行列，曾陸續出版三本台灣故事集，生動有趣地介紹台灣的風土民情、習俗文化、常民生活，以及初代信徒改信基督教的心路歷程。本書即為三書的合譯本，活潑、具體、生活化地刻劃了日治中期（1910-30年代）台灣人和台灣社會的樣貌，公認是揉合史料價值與閱讀趣味的經典讀物。

前衛出版
AVANGUARD

［台湾総督府］

台灣總督府

黃昭堂 著
黃英哲 譯

日本帝國在台殖民統治的
最高權力中心與行政支配機關。

本書是台灣總督府的編年史記，黃昭堂教授從日本近代史出發，敘述日本統治台灣的51年間，它是如何運作「台灣總督府」這部機器以施展其對日台差別待遇的統治伎倆。以歷任台灣總督及其統治架構為中心，從正反二面全面檢討日本統治台灣的是非功過，以及在不同階段台灣人的應對之道。

前衛出版
AVANGUARD

台灣
經典寶庫
Classic Taiwan

2013.08 前衛出版　定價350元

台灣原住民醫療與宣教之父——
井上伊之助的台灣山地探查紀行

日治時期台灣原住民之歷史、文化、生活實況珍貴一手紀錄
「愛你的仇敵！」用愛報父仇的敦厚人格者與台灣山林之愛

トミーヌン・ウットフ

台湾山地伝道記

上帝在編織

井上伊之助 著

石井玲子 譯

鄭仰恩、盧啟明 校註

台湾山地伝道記
上帝在編織
トミーヌン・ウットフ
井上伊之助 原著　石井玲子 譯　鄭仰恩 盧啟明 校註

井上伊之助 原著

前衛出版
AVANGUARD

台灣
經典寶庫
Classic Taiwan

2016.07 前衛出版　定價480元

台灣
經典寶庫
Classic Taiwan

英譯 —— 甘為霖牧師　　漢譯 —— 李雄揮
校訂 —— 翁佳音

【修訂新版】

荷蘭時代的福爾摩沙

FORMOSA UNDER THE DUTCH 1903

名家證言 ———————————————— 翁佳音

若精讀，且妥當理解本書，那麼各位讀者對荷蘭時代的認識，級數與我同等。

本書由台灣宣教先驅甘為霖牧師（Rev. William Campbell）選取最重要的荷蘭文原檔直接英譯，自1903年出版以來，即廣受各界重視，至今依然是研究荷治時代台灣史的必讀經典。

修訂新版的漢譯本，由精通古荷蘭文獻的中研院台史所翁佳音教授校訂，修正少數甘為霖牧師誤譯段落，並盡可能考據出原書所載地名拼音的實際名稱，讓本書更貼近當前台灣現實。

定價

650 元

前衛出版
AVANGUARD

台灣
經典寶庫
Classic Taiwan

番俗六考

十八世紀清帝國的臺灣原住民調查紀錄

黃叔璥——原著

宋澤萊——白話翻譯

詹素娟——導讀註解

文白對照 註解版●

臺灣文學史上古典散文經典「雙璧」之一
臺灣原住民史研究最關鍵歷史文獻
文白對照、歷史解密，再現臺灣原住民的生活風俗

清領時期，首任「巡臺御史」黃叔璥將其蒐羅之臺灣相關文獻，以及抵臺後考察各地風土民情之調查報告與訪視見聞寫成《臺海使槎錄》。其中〈番俗六考〉對當時的原住民，尤其是平埔族群的各方面皆有詳盡的描述與記載，至今仍是相關研究與考證的重要可信文獻。

本書擷取〈番俗六考〉與〈番俗雜記〉獨立成書，由國家文藝獎得主宋澤萊，以及中央研究院臺灣史研究所副研究員詹素娟攜手合作，以淺顯易懂的白話文逐句翻譯校註、文白對照；另附詳盡導讀解說與附錄。透過文學與史學的對話，重新理解這一部臺灣重要的古典散文與歷史典籍。

國藝會
NCAF

前衛出版
AVANGUARD

國家圖書館出版品預行編目資料

台灣總督府 /黃昭堂著；
黃英哲譯 -- 二版 . -- 台北市：前衛，2013.07
304面；17×23公分
ISBN 978-957-801-711-5（平裝）

1.台灣總督府 2.日據時期 3.台灣史

733.2801   102010697

台灣總督府

日文原著　黃昭堂
漢　　譯　黃英哲
責任編輯　陳淑燕
美術編輯　蕭雅娸
出 版 者　前衛出版社
　　　　　10468 台北市中山區農安街 153 號 4 樓之 3
　　　　　Tel: 02-2586-5708　Fax: 02-2586-3758
　　　　　郵撥帳號：05625551
　　　　　e-mail: a4791@ ms15.hinet.net
　　　　　http://www.avanguard.com.tw

出版總監　林文欽
法律顧問　南國春秋法律事務所
出版日期　2013 年 7 月二版一刷
　　　　　2021 年 8 月二版三刷
總 經 銷　紅螞蟻圖書有限公司
　　　　　台北市內湖舊宗路二段 121 巷 19 號
　　　　　Tel: 02-2795-3656　Fax: 02-2795-4100
定　　價　新台幣 350 元

©Avanguard Publishing House 2013
Printed in Taiwan　ISBN 978-957-801-711-5

★「前衛本土網」http://www.avanguard.com.tw
★ 請上「前衛出版社」臉書專頁按讚，獲得更多書籍、活動資訊
　http://www.facebook.com/AVANGUARDTaiwan